Liederkunde
zum Evangelischen Gesangbuch

Im Auftrag der Evangelischen Kirche in Deutschland

gemeinschaftlich mit
Ansgar Franz, Gerhard Hahn, Barbara Lange,
Helmut Lauterwasser, Bernhard Leube, Andreas Marti
und Bernhard Schmidt

herausgegeben von

Ilsabe Alpermann und Martin Evang

Ausgabe in Einzelheften

Heft 23

Vandenhoeck & Ruprecht
in Göttingen

Verzeichnis der Mitarbeiterinnen und Mitarbeiter

Alpermann, Dr. Ilsabe (s. Heft 8: *Seibt*): EG 409 T, EG 426 T * *Axmacher, Dr. Elke* (s. Heft 2): EG 361 T * *Bauer, Dr. Dorothee*, Musikerin und Theologin, Wien: EG 223 * *Evang, Dr. Martin* (s. Heft 19): EG 252 * *Franz, Dr. Ansgar,* Professor für Liturgiewissenschaft an der Universität Mainz, Bingen: EG 403 T * *Giering, Achim* † (s. Heft 15): EG 409 T * *Klek, Dr. Konrad* (s. Heft 21): EG 218 * *Lauterwasser, Dr. Helmut* (s. Heft 17): EG 375 M * *Leube, Bernhard* (s. Heft 17): EG 287; 375 T * *Lorbeer, Dr. Lukas*, Pfarrer, Maulbronn-Zaisersweiher: EG 523 T * *Marti, Dr. Andreas* (s. Heft 7/8): EG 280 M, 361 M, 387 M, 403 M, 409 M, 523 M * *Monninger, Dorothea* (s. Heft 2): Redaktion * *Schäfer, Dr. Christiane* (s. Heft 14): Hymnologische Nachweise * *Schlenker, Manfred,* Landeskirchenmusikdirektor i. R., Komponist: EG 426 M * *Schmidt, Dr. Bernhard* (s. Heft 8): EG 167 * *Smets, Dr. Anne,* Pfarrerin, Wahlstedt * *Stalmann, Dr. Joachim* (s. Heft 1): EG 275 * *Wiefel-Jenner, Dr. Katharina,* Theologin, Berlin: EG 280 T * *Wissemann-Garbe, Dr. Daniela* (s. Heft 15): Hymnologische Nachweise

Bibliografische Information der Deutschen Nationalbibliothek
Die Deutsche Nationalbibliothek verzeichnet diese Publikation in der Deutschen Nationalbibliografie; detaillierte bibliografische Daten sind im Internet über http://dnb.d-nb.de abrufbar.

ISBN 978-3-525-50346-1

Weitere Ausgaben und Online-Angebote sind erhältlich unter: www.v-r.de

Satz: Satzspiegel, Nörten-Hardenberg
Druck und Bindung: ⊕ Hubert & Co. GmbH & Co. KG, Robert-Bosch-Breite 6, D-37079 Göttingen

Gedruckt auf alterungsbeständigem Papier.

167 Wir wollen fröhlich singen

RG 542 EM 439

Text

Verfasser Str. 1 Erich Gruber; Str. 2–4 Theo Schmid **Entstehung** [vor] 1953 **Vorlage** Strophe 1 nach *Wir wollen aller* [!] *singen* in: *Ein Schlesich* [!] *singebüchlein* (Valentin Triller), Breslau 1555 (DKL 1555[07]; W IV, 89) **Quellen** (a) s. Melodiequelle * (b) *Lobt und singt. Liederbuch für die Sonntagsschule,* Basel 1957 **Strophenbau** A7/3a- A6/3b A7/3a- A6/3b R: 6/2x1 7/4x2 (2mal) Halleluja vgl. Frank 4.20 **Abweichungen** (a) nur Str. 1 * (b) nach 1: 2. *Wir wolln uns fröhlich mühen* * RG: nach 1: 2. *Wir wolln uns fröhlich mühen* **Verbindung TM** in der Q wie EG

Melodie

Incipit 1 5556 5_3 **Verfasser** Erich Gruber **Vorlagen** s. o., dazu auch: B II,91; Z I,127f; DKL III/1.1 A257 **Quelle** *Schöne Musika. Blatt 150,* Berlin/Gelnhausen [1953] **Ambitus** G: 6; Z: 6465, Kehrvers: 3536 **Abweichungen** Q: Terz tiefer; Kehrvers bei *Not,* 1. Mal: ohne Terz, 2. Mal: mit Quinte * RG, EM: Terz tiefer, je eigener Satz (1998/Kanzleiter 2001) **Verbindung MT** in der Q wie EG * zur Überlieferung mit verschiedenen Strophen s. Kommentar

Literatur

HEG II, 122.276f.329 ** ThustB, 175; ThustL I, 294f ** HARZ, Frieder: Mit Kindern singen. Zugänge und Anregungen zu Liedern aus dem Evangelischen Gesangbuch, Bayreuth/Nürnberg **1995**, 54f

Die spannende Frage bei der Beschäftigung mit dem Lied lautet: Wer hat es gemacht? Und wie ist die Autorenangabe des EG zu verstehen: „T: Theo Schmid 1957, Str. 1 nach einem Ansingelied bei Valentin Triller 1555“[1]? In der meines Wissens ältesten erhaltenen Quelle, der „Schönen Musika“ (Blatt 150 von 1953, „Wir singen all“, Folge 3), die allerdings nur die erste Strophe enthält, lauten Titel und Autorennachweis wie folgt: Links: „Vorspruch. Nach einem alten Ansingelied“. Rechts: „Satz: Erich Gruber 1953 (Worte frei unterlegt)“. Also entstand das Lied 1953 oder kurz davor; Gruber hat den Satz gemacht und die Worte nach Triller der Melodie frei unterlegt.[2] Vermutlich hat er auch die

[1] Vgl. W IV,89, Wir wollen aller singen. Ein Gesang auff die Weise des newen Rosenkrantzs.

[2] So auch in: Liederbuch für die Jugend. Geistliche Lieder für Schule und Kindergottesdienst, Stuttgart 1969, Nr. 657. Dort ist Gruber als Melodist und Verfasser der 1. Strophe genannt. Dagegen heißt es in: Sing mit. 136 Lieder und Kanons für Fahrt, Freizeit, Zeltlager und Heimabend, [...] hg. von Herbert Beuerle, Gelnhausen und Berlin-Dahlem [1959[1]] lapidar: „Text frei unterlegt. Melodie: Nach einem alten Ansingelied. Satz: Erich Gruber 1953. Aus: ‚Schöne Musika‘ (‚Wir singen all‘). Burckhardthaus-Verlag [...]“.

Melodie erfunden, das „Ansingelied" von Triller weicht nämlich bis auf das Versmaß erheblich von EG 167 ab.[3] Theo Schmidt hat das Lied dann weitergedichtet und die heutigen Strophen 2 bis 4 geschrieben.

Nach meiner Kenntnis hat Theo Schmid ein fünfstrophiges Lied mit dem Incipit *Wir wollen alle singen* zum ersten Mal 1957 im Schweizer Kindergesangbuch „Lobt und singt" publiziert. Dieses Gesangbuch wurde vom Schweizerischen Sonntagsschulverband herausgegeben, dem auch Theo Schmid angehörte.[4] Die dortige zweite Strophe (*Wir wolln uns fröhlich mühen*) fehlt im EG. Aus dem Impressum von „Lobt und singt" geht hervor, dass der Entwurf am 20.2.1956 genehmigt wurde. Wenn man davon ausgeht, dass dieser Entwurf bereits sämtliche Lieder enthielt, wäre das Lied schon Anfang 1956 oder 1955 oder noch früher entstanden, so dass die Autorenangaben etc. im EG folgendermaßen zu korrigieren sind: „T, Str. 1 Erich Gruber, nach einem Ansingelied bei Valentin Triller 1555, Str. 2 bis 4 Theo Schmid, vor 1956, M und Satz: Erich Gruber 1953."

Im Unterschied zu Erich Grubers Erstfassung in „Schöne Musika" (1953) ist die Version in „Lobt und singt" (1957) mit den Strophen von Theo Schmid nur ein- und zweistimmig, es fehlen die Halleluja-Stimmen. Dafür besteht diese Fassung – wie bereits erwähnt – aus fünf Strophen. Es ist zu bedauern, dass die zweite Strophe, in der Theo Schmid die Mühe und zugleich die Bitte um die Saat, d. h. das tägliche Brot thematisiert, nicht ins EG aufgenommen wurde. Die Strophe lautet: *Wir woll'n uns fröhlich mühen / und bitten Tag um Tag, / dass Gott der Saat ein Blühen / und Reifen schenken mag. Lobet Gott ...*

Erich Gruber hat demnach das Ansingelied von Valentin Triller „wiederentdeckt". Es ist anzunehmen, dass er es textlich und musikalisch eingerichtet hat, und dass Theo Schmid wahrscheinlich noch vor 1956 weitere Strophen hinzugefügt hat.

Es scheint nun aber so zu sein, dass die von Gruber 1953 in „Schöne Musika" veröffentlichte Liedstrophe textlich zwei Überlieferungsstränge aus sich hervorgebracht hat, wobei der eine – schweizerische – Strang über die Strophen von Theo Schmid und „Lobt und Singt" zu EG 167 hinführt[5], während der andere – deutsche – Strang über „Sing mit" (1959) und die Triller-Strophe *Er hat uns ja berufen* in verschiedene Kinder- und Jugendgesangbücher in West und Ost führt. Dabei fällt auf, dass – vermutlich in Unkenntnis der wahren Herkunft

[3] Vgl. Z I,127 und DKL III/1.1 A257.

[4] Vgl. Lobt und singt. Liederbuch für die Sonntagsschule, Basel 1957, Nr. 18. Der Rechtsnachfolger des Sonntagsschulverbandes ist der KiK-Verlag (Kind und Kirche), dessen Archiv z. Zt. nicht benutzbar ist. Es besteht die Hoffnung, dass sich im Verlagsarchiv noch Materialien befinden, die Hinweise zur Entstehungsgeschichte des Liedes geben. Diese Information und viele andere Hinweise verdanke ich Christine Esser in Zürich.

[5] Z.B. Fest und treu. Lieder für die schulpflichtige Jugend, hg. vom Deutsch-schweizerischen Hoffnungsbund des Blauen Kreuzes, Bern 1965[13], Nr. 14 (5 Str.); Kumbaya. Oekumenisches Jugendgesangbuch, Zürich 1980, Nr. 209 (5 Str.); Leuchte, bunter Regenbogen, Kassel-Basel u. a. 1983, Nr. 178 (5 Str.).

und Verfasserschaft – oft falsche Angaben zu den Text- und Melodieschöpfern kursieren. Viele zwischen 1969 und 1974 erschienene Kinder- und Jugendgesangbücher nennen Paul Ernst Ruppel als Verfasser der alten Triller-Strophen 2 und 14 *Er hat uns ja berufen* und *Er hält uns bei der Wahrheit*.[6] Soweit ich sehe, kommt Ruppel in dem von ihm herausgegebenen Heft „Morgensternlieder" zum ersten Mal mit dem Lied in Kontakt (Nr. 7), das hier – wie in der „Schönen Musika" – nur einstrophig und im Inhaltsverzeichnis als „Singspruch" deklariert ist. Als Schöpfer von „Wort und Ton" ist korrekt E. Gruber angegeben.[7] Dass das „alte Ansingelied" auf V. Triller zurückgeht, wird hier wie in der „Schönen Musika" allerdings verschwiegen. Melodie und Satz sind fast identisch mit EG 167.

Auch die musikalische Überlieferung stellt sich vielfältig dar, indem neben der ein- bis vierstimmigen Fassung von Erich Gruber (vgl. Schöne Musika und EG 167) weitere, meist einfachere Sätze in den Liederbüchern begegnen.[8]

Schon dieser kurze Blick auf die Liedgeschichte zeigt, dass das Lied trotz seines vergleichsweise geringen Alters eine bewegte Geschichte aufweist, dass es in viele Liederbücher aufgenommen und auch weitergedichtet worden ist. Es hat offenbar viel Kreativität freigesetzt. Einem erstmals 1973 in der DDR erschienen Kindergesangbuch hat es sogar den Namen gegeben: „Wir wollen fröhlich singen".

Das Lied schlägt einen großen Bogen vom Gottesdienst (Str. 1) über das Glaubenszeugnis im Alltag (Str. 2) und den Weg durch das irdische Leben an der „Vaterhand" (Str. 3) bis zum Ziel des Lebens in Gottes ewiger Heimat (Str. 4). Vorbild für diesen Bogen könnte tatsächlich das Lied von Valentin Triller sein, das freilich einen noch viel weiteren Bogen schlägt, vom Wunsch des gemeinsamen Singens über die Verlorenheit des Menschen unter der Herrschaft des Satans und die Erlösung durch Jesus Christus. Triller rekapituliert in seinem 19-strophigen Lied die ganze Heilsgeschichte vom Elend des Menschen unter der Herrschaft des Teufels über die Inkarnation Christi, den Opfertod, die Auferstehung, Himmelfahrt und Sendung des Heiligen Geistes.

In EG 167 erscheint nur noch ein kleiner Ausschnitt aus dieser Themenfülle, doch der Fokus liegt hier auch nicht auf der Heilsgeschichte, sondern auf dem *fröhlichen* Weg der Gemeinde durch Raum und Zeit. Das Lied setzt bei der

[6] Vgl. W IV,89. Eine Liste der Liederbücher, die hier z. T. falsche Angaben machen, angefangen mit Kinderlob. Ein Liederbuch für die Kirche und Schule, hg. von S. und T. Rothenberg, Berlin o. J. [1969], Nr. 105, liegt dem Verfasser vor. In Wir wollen fröhlich singen. Evangelisches Kindergesangbuch, Berlin 1973, Nr. 47, wird Ruppel sogar als Melodist genannt (korrigiert erst in der 7. Auflage von 1984).

[7] Morgensternlieder. Hundert Lieder und Kanons für Kinder, hg. von Paul Ernst Ruppel, Kassel 1955.

[8] Hier eine Auswahl: Einstimmig: z. B. Liederbuch für die Jugend (1969); Wir wollen fröhlich singen (1973); Der goldene Hahn (1978). Zweistimmig: z. B. Lobt und singt (1957); Fest und treu (1965); Kumbaya (1980, Satz von Carola Schmidt). Dreistimmig: z. B. Sing mit (1959). Der helle Tag (1980) enthält ebenfalls einen dreistimmigen Satz von Dieter Hechtenberg von 1976.

gottesdienstlichen Situation ein, ruft zu fröhlichem Singen auf und bittet Gott um rechtes Gelingen des Gottesdienstes[9], bricht aber dann aus diesem Rahmen aus und zieht immer weitere Kreise bis hin zur Ankunft in der anderen Welt und ewigen Heimat. Der „Orgelpunkt", der sich von der ersten bis zur vierten Strophe durchzieht, scheint die Fröhlichkeit und Gelassenheit des singenden Wir im Bewusstsein der Allgegenwart Gottes zu sein (*Wir wollen fröhlich* ... – *So wolln wir fröhlich* ...)

Trotz seiner kindlichen Schlichtheit steht das Lied tief in der biblischen und hymnologischen Motiv- und Sprachtradition. Biblische Anklänge und Gedankengänge finden wir z. B. in den Wendungen *dass es gelinge* (vgl. Ps 118,24), *der uns führt aus aller Not* (vgl. Ps 34,7), *und auch in bösen Tagen / uns stets das Beste gibt* (vgl. Röm 8,28), *sie führt auf rechten Straßen* (vgl. Ps 23,3), *bis in das fernste Land* (vgl. 1. Mose 12,1–8) oder *So wolln wir fröhlich wandern* (vgl. Hebr 12,1, das wandernde Gottesvolk). Der hart wirkende Kontrast von Lob und Not im Kehrvers (*Lobet Gott, der uns führt aus aller Not*) stellt in den Psalmen ein häufig wiederkehrendes Motiv dar (vgl. Ps 34,2.7; 50,15; 107,6.8 u. ö.).

Aus dem evangelischen Kirchenlied klingen an: die berühmte Zwillingsformel *Singen und Sagen* (Str. 1 und 2), das Attribut *fröhlich*, das in Anfangsliedern (vgl. EG 159, 166) und Morgenliedern (vgl. EG 147, 149) häufig begegnet, die Bitte um rechtes Gelingen des Gottesdienstes (vgl. EG 161,3), das *Führn aus aller Not* (vgl. *Vom Himmel hoch*, EG 24,3 und *Ein feste Burg*, EG 362,1), die Zwillingsformel *Lob und Ehr*, nicht nur in EG 24,15, sondern oft, z. B. EG 326 *Sei Lob und Ehr dem höchsten Gut.* Das Führen auf rechter Straße (Str. 3) erinnert an EG 365: *führt mich durch alle Straßen ... Er reicht mir seine Hand ..., wo ich auch sei im Land.* Schließlich erinnert der eschatologische Heimatbegriff (Str. 4) an viele Kirchenlieder aus allen Jahrhunderten, z. B. EG 63, 124, 406, 529.

Melodie und Satz: Einen Bezug zum „Ansingelied" von Valentin Triller kann ich lediglich im Versmaß der Strophe erkennen.[10] Unter einem „Ansingelied" wird ein Lied verstanden, bei dem ein Vorsänger den Liedbeginn anstimmt und dieser von einer Gruppe oder Gemeinde wiederholt und weitergeführt wird. In diesem Sinne sind auch Melodie und Satz von Erich Gruber zu deuten. Es handelt sich hier um ein Lied, das sich durch Kehrvers und Wiederholung leicht

[9] Dahinter steht die lutherische Vorstellung, dass auch die rechte Aufnahme des Wortes ein Werk Gottes bzw. des Heiligen Geistes darstellt, vgl. z. B. Luthers Erklärung des Dritten Artikels im Kleinen Katechismus: „Ich gleube, das ich nicht aus eigener vernunfft noch krafft an Jhesum Christum, meinen Herrn, gleuben oder zu im kommen kann. Sondern der heilige Geist hat mich durchs Evangelion beruffen, mit seinen gaben erleuchtet, im rechten glauben geheiliget und erhalten ...", BSELK, Göttingen 2014, 872.

[10] Auch die von Michael Prätorius stammende Tenorstimme (Z I,128; DKL III/1.1 A257) weist weder melodisch noch rhythmisch eine besondere Ähnlichkeit mit der Gruberschen Melodie auf.

einprägt und das das Prinzip des Ansingelieds auch durch den Weg von der Einstimmigkeit zur Vielstimmigkeit sinnfällig macht.

Das Lied besteht aus zwei achttaktigen Teilen, der Strophe und dem Kehrvers. Beide Teile setzen sich wiederum aus zwei viertaktigen fast identischen Teilen zusammen, die nach einmaligem Hören leicht wiederholbar sind. Abweichend sind lediglich die Schlusswendungen, indem die erste Phrase jeweils mit der Terz und die zweite jeweils mit dem Grundton schließt. Die Melodie beginnt mit einem weckrufartigen Quintsprung und kehrt zum Grundton zurück. Im zweiten Teil der Strophe wird die Melodie zweistimmig und läuft in Unterterzparallelen. Schließlich tritt in der letzten Verszeile noch eine harmonisierende, in Stichnoten notierte Oberstimme hinzu (F-F-C7-d-C-F).

Der Tonumfang der Melodie geht über die große Sexte (f^1–d^2) nicht hinaus. Thust weist zu Recht auf die Ähnlichkeit mit der Melodieeröffnung von EG 27 hin.[11] Der Kehrvers beginnt mit einer zweistimmigen, überwiegend in Terzparallelen geführten Melodie. Erst in Takt 4 des Refrains entsteht ein vierstimmiger Satz durch zwei hinzutretende, rhythmisch gegenläufige Oberstimmen. Die untere Oberstimme folgt rhythmisch zunächst dem Duktus des *Halleluja* (Achtel – Achtel – Viertel – Viertel) und stimmt beim zweiten *Halleluja* während der Abkadenzierung in die Synkopierung der hohen Oberstimme ein.

Insgesamt stellt die Melodie eine adäquate Vertonung des kindlich-schlichten, fröhlichen Textes dar. Der Quintsprung am Anfang signalisiert Fröhlichkeit und Tatkraft und begegnet bei vielen Eröffnungs- und Morgenliedern, vgl. EG 157, 159, 438, 442, 443. Im Kehrvers ist das Hauptwort *Gott* durch die Viertelnote und die melodische Hinführung betont. Die beiden Halleluja-Stimmen deuten mit ihren Schwerpunktverschiebungen den spontanen überschwänglichen Jubel an.

Die Entwicklung von der Einstimmigkeit zur Mehrstimmigkeit innerhalb einer jeden Strophe manifestiert das gebotene und sogleich ausgeführte Gotteslob und macht es hörbar. Dabei erweist sich das Lied auch harmonisch als einfach. Im ersten Teil wechseln Tonika (F-Dur), Dominante (C-Dur) und Tonikaparallele (d-Moll) ab, im zweiten Teil kommt in Takt 3 noch die Subdominante (B-Dur) hinzu sowie ein Quint-Sext-Vorhalt im vorletzten Takt, der über einen weiteren verminderten Akkord nach F-Dur aufgelöst wird.

Das Lied erscheint besonders geeignet für Kinder- und Familiengottesdienste. Es kann mit seinen Einzelstrophen den Gottesdienst strukturieren (Anfang, Verkündigung, Abendmahl, Segen/Schluss oder Strophen 1 und 2 am Anfang, Strophen 3 und 4 am Schluss) und auch szenisch und pantomimisch unterstützt werden.

Bernhard Schmidt

[11] ThustL I, 295.

218 Schmücke dich, o liebe Seele

RG 317 CG 484

Text

Verfasser Johann Franck **Entstehung** vor 1646, Textincipit als Strophenform angegeben in: *Hundert= Thönige Vater= Vnsers=Harffe* (Johann Franck), Wittenberg 1646 **Vorlage** Motive aus *Lauda Sion Salvatorem* **Quellen** (a) *Geistliche Kirchenmelodien* (Johann Crüger), Leipzig 1649 (DKL 1649[15]), nur Strophe 1 * (b) *PRAXIS PIETATIS MELICA. Das ist: Übung der Gottseligkeit ... EDITIO V.* (Johann Crüger) Berlin 1653 (DKL 1653[01]) **Überschrift** (b) *254. Vorbereitung zum heiligen Abendmahl.* **Liturgische Einordnung** Catechismusgesänge **Ausgaben** FT IV,96; Korth/Miersemann 2014–2015 (s. u. Literatur) **Strophenbau** 8/4a- 8/4a-, 8/4b- 8/4b-, 8/4c- 8/4c- 8/4d- 8/4d- vgl. Frank 4.53 **Abweichungen** (b) nach 1: 2. *Eyle/ wie verlobten pflegen*; 3. *Zwar in kaufung theurer wahren*; 2,4 nach *dieser* Kost; 2,7 *Wündsche stets/ daß mein gebeine*; 2,8 *Mich durch Gott mit Gott vereine*; 3,1 *Beydes/ lachen und auch zittern*; 3,2 *lässet sich in mir itzt wittern:* 4,7 *O der grossen heimlichkeiten*; 4,8 *Die nur Gottes Geist kan* deuten; 5,7 *Dieser deiner* Himmelsspeise; nach 5: 8. *HErr/ es hat dein treues lieben*; 6,5 dies *seelenessen*; 6,8 *ein* Gast * RG, CG: ohne Str. 2–4 des EG; 2. = EG Str. 5; 3. *Herr, es hat dein treues Lieben*; 4. = EG Str. 6; 6,4: *trete zu dem* Tisch *der Gnaden.* **Verbindung TM** wie EG * weitere: Z IV,6924–25 (Dretzel 1731, Reimann 1747)

Melodie

Incipit 3__2__1_2_3_5_ 4__3__ **Verfasser** Johann Crüger **Entstehung** s. o. **Quelle** *Geistliche Kirchenmelodien* (Johann Crüger), Leipzig 1649 (DKL 1649[15]) **Ausgaben** Z IV,6923; Eichhorn/Lubenow (s. u. Literatur); Rosenberger (s. u. Literatur) **Ambitus** G: 8; Z: 55(55)443b5 **Abweichungen** Q: Quarte höher; Taktvorzeichnung ¢, aber nur Zeilentrennstriche; Z. 2 Viertelnote *e* statt Achtel *ed*; Z. 7 N. 6–9 (*verwalten*): Halbe *d*, Viertel *cis*, Halbe *d*; Schlusston: Doppelganze * RG: kl. Terz höher; Taktvorzeichnung ¢; Taktstriche nach je 4 Halben; mit 4st. S (1941/ Paul Müller 1952); Schlusston: Ganze * CG: Taktvorzeichnung ¢; Taktstriche nach je 4 Halben; Schlusston: Ganze * **Verbindung MT** wie EG * *Vater, der du wie im Wagen* (Johann Franck 1646) * *Deck thyself my soul with gladness* (Catherine Winkworth 1858)

Literatur

HEKG (Nr. 157) III/1, 531–533; Sb, 245f; HEG II, 66–69.93f ** ThustB, 221f; ThustL I, 383–385 ** Koch (³1866–1877) VIII, 151–153 ** KORTH, Hans-Otto/ MIERSEMANN, Wolfgang (Hg.): Schmücke dich, o liebe Seele. 33 ausgewählte Kirchenlieder [mit einem Nachwort von Christian Bunners], Halle **2012**, 23 * EICHHORN, Holger/ LUBENOW, Martin (Hg.): Johann Crüger. Kritische Ausgabe ausgewählter Werke. Crüger Concert Choräle, Bd. I Geistliche Kirchen-Melodien 1649, Germersheim **2014**, 103 * ROSENBERGER, Burkard (Hg.): Johann Crügers Geistliche Kirchen-Melodien (1649). Textkritische Edition, Münster **2014**, 103 * KORTH,

Hans-Otto/MIERSEMANN, Wolfgang (Hg.): Johann Crüger, Praxis Pietatis Melica. Editio X. Berlin 1661, Band I, Teil 1 Text, Band I, Teil 2 Apparat, Halle 2014–2015, Nr. 298

Bis zum Ende des 19. Jh. war dies das Abendmahlslied schlechthin. In der vom (liberalen) Theologen Friedrich Spitta konzipierten Passion von Heinrich von Herzogenberg (1895) steht es so als Gemeindechoral im Zentrum des ersten Werkteils zum Gründonnerstag, ehe Jesu Einsetzungsworte anheben, und der Komponist hat sogar sämtliche Evangelisten-Rezitative dem „Ton" dieser Melodie angeglichen, so dass *Schmücke dich* fortlaufend präsent ist. Im 20. Jh. verliert das Lied extrem an Wertschätzung. Im Liedkommentar zum EKG (1970)[1] sind harsche Worte zu lesen. Es sei „das am stärksten ich-bezogene Lied" unter den Abendmahlsgesängen, das „vor gewissen Plattheiten nicht zurückschreckt", es sei eigenartig „ferne vom Bibelwort" usw. Die Verwendbarkeit wird in Frage gestellt „nach unsern theologischen, hymnologischen, historischen und auch persönlichen Erkenntnissen und Erlebnissen". Den „Geist der erotisch-religiösen Liebessprache, der durchs ganze Lied geht", kann der Autor nicht goutieren. Er zitiert als Beleg die auch schon im EKG gestrichene zweite Strophe *Eile, wie Verlobte pflegen,/ deinem Bräutigam entgegen*, wo es in der vorletzten Zeile heißt: *Komm, mein Liebster, lass dich küssen.* Dass „das herrliche ‚Jesu, meine Freude'" (EG 396) vom selben Dichter stammt, wird konzediert und schützt wohl vor einem noch härteren Urteil. Allerdings findet sich der *Bräutigam* dort auch, schon in der ersten Strophe, und es soll *mir* sogar außer ihm *nichts sonst Liebers werden.* Wollte man die beiden Franck-Lieder gegeneinander ausspielen, könnte man mit der Rezeption durch J.S. Bach nicht argumentieren, denn Pendant zur Motette *Jesu, meine Freude* ist die „herrliche" Choralkantate BWV 180 *Schmücke dich, o liebe Seele* zum 20. Sonntag nach Trinitatis mit dem Hochzeitsmahl-Evangelium Matthäus 22,1–14. Bei den Orgelchorälen ist *Schmücke dich* (BWV 654) sicher das bedeutendere Werk gegenüber *Jesu, meine Freude* (BWV 610).

Vor allem dank der theologischen Bachforschung seit den 1970er Jahren sind heute die mystisch-„erotischen" Sprachformen des Barock in ihrer biblischen Legitimation (Hld; Ps 45; Ps 2,12 u. a.) rehabilitiert. Zudem müsste nach dem „Aesthetic turn" in vielen Bereichen der protestantischen Theologie dieses Lied wieder einen Ehrenplatz erhalten. Dem Diktum „dass Gott schön werde" (Rudolf Bohren, 1975) korreliert durchaus *Schmücke dich, o liebe Seele ... fange herrlich an zu prangen.* Nicht aufgenommen hat dies die Kultur des „Feierabendmahls" (seit Ende der 1970er Jahre) mit ihrer Akzentuierung des Gemeinschaftsaspekts. Da störte wohl der ausschließliche Ich-Bezug in allen Strophen. Inzwischen wird aber die hohe Relevanz individuellen *Genießens* (Str. 5) als Heilserfahrung, als persönliches Glaubens-Glück, theologisch kaum mehr in Frage gestellt werden. Das Fehlen der „erotischen" zweiten Strophe muss man da eher bedauern, denn selten ist die Analogie von Liebesbeziehung und Glau-

[1] Herbert Nitsche in HEKG III/1.

ben so anschaulich formuliert worden. Nicht plausibel ist, warum im EG mit der ursprünglich vorletzten Strophe das *treue Lieben* Gottes als Movens des Karfreitagsgeschehens und Inhalt der Anamnesis im Abendmahl – *deiner Liebe zu gedenken* (Z. 8) – entfallen musste (im EKG Str. 6), zumal die letzten beiden Strophen sich auf die beiden Elemente des Mahls, Blut/Wein und Brot beziehen und *deine Liebe recht ermessen* (6,6) sich auf jene Wendung in der Strophe zuvor bezieht.

Die vollmundige Eingangsstrophe ermuntert im Gestus der Selbstaufforderung (vgl. *Lobe den Herren* EG 317) zur „Vorbereitung zum heiligen Abendmahl" (Überschrift in J. Crügers Gesangbuch). Sie evoziert die Sphäre von Licht und Schönheit pur, wie es Kennzeichen fürstlicher Hochzeiten ist. Das ist überhaupt nicht „bibelfern", sondern rekurriert auf die Metaphorik der Mahl- und Hochzeitsgleichnisse (Mt 22; Mt 25) und nutzt die Sprachfolie von Psalm 45, die ja auch für *Wie schön leuchtet der Morgenstern* (EG 70) maßgeblich ist. Wie dort ist auch hier die Gesangbuchfassung des Liedes in mehreren Details sprachlich geglättet. Die Symbolik des Mahls als Abbild der himmlischen Gemeinschaft mit Christus evoziert die Emphase der Braut/Bräutigam-Bilder. Dem prächtigen königlichen Bräutigam (Ps 45) soll die *geschmückte Braut für ihren Mann* (Offb 21,2) entsprechen. Spezifikum dieser Strophe ist, dass sie die königlichen Schmuck-Attribute eben auch für die *Seele* reklamiert, vgl. Psalm 45,14: *des Königs Tochter drinnen ist ganz herrlich. Seele* steht für den (ganzen) Menschen in seiner Beziehung zu Gott. Der sprachlichen Helligkeit der Zeilen 3 bis 8 mit vielen e- und i-Vokalen und der Mahl-Fülle im finalen a-Klang (vgl. den Beginn des Brotwortes in Luthers Wiedergabe der Einsetzungsworte) kontrastiert allein in Zeile 2 die *dunkle Höhle*, ein Motiv aus Hohelied 2,14: *Taube in den Felslöchern.* Die Dunkelheit ist Konsequenz der Sünde (daher *Sündenhöhle*), aber das ist „von gestern", denn nun gilt das *Jetzt* des Heils (2. Kor 6,2), statuiert durch das Wort der Einladung (vgl. Mt 22,9) vom *Herrn voll Heil und Gnaden.* In den beiden Schlusszeilen ist nur vordergründig unlogisch, vielmehr inhaltlich komplementär der Schwenk vom Bild der Einladung zu Mahl/Hochzeit zu dem von der Einwohnung Gottes im Menschen nach Johannes 14,23. Der Gastgeber wird so selbst zum Gast, nimmt *Herberge* im Menschen, Bild für größte personale Nähe. In der H-Alliteration mit *Himmel* sind die christologisch vermittelten Gegenpole sprachlich aufeinander bezogen (vgl. den Duktus in Luthers Weihnachtslied EG 24, Str. 8–13). Gerade in der Komplementarität der Sprachbilder erschließt sich die Fülle des Heils als *jetzt* greifbare „Gnaden=Gegenwart" (vgl. 6,7).

Dem (wie in Mt 22,9) überraschenden *Jetzt* der Einladung zum Mahl kontrastiert die Prägung des Alltags (*pfleg ich oft*) als Zeit unerfüllter Sehnsucht. Str. 2 artikuliert dies mit drei *Ach*-Seufzern in Klagepsalm-Diktion (vgl. etwa Ps 42,3). „Nur wer die Sehnsucht kennt" (Goethe, Lied der Mignon in „Wilhelm Meisters Wanderjahre"), kann das Glück der Einladung ermessen. Einiges im Vokabular stammt hier wie bei den Folgestrophen aus der „Brotrede" Jesu Johannes 6,35–58. Deren Pointe *wer mein Fleisch isst und mein Blut trinkt, der bleibt in mir und ich in ihm* (V. 56) ist in den beiden (veränderten) Schlusszeilen der Strophe aufgenommen. Die Vereinigung mit Christus ist *stets* der Wunsch schlechthin des Christen (original Z. 7: *wünsche stets*). Die Christus-Titel *Menschenfreund* (nach Joh 15,14) und *Lebensfürst* (Apg 3,15) sind aus anderen biblischen Kontexten eingetragen.

Wenn im Mahl *jetzt* tatsächlich Christusgemeinschaft zu erwarten ist, löst dies wie alle Begegnung mit dem Heiligen beim Menschen eine ambivalente Reaktion aus: *Beides, Lachen und auch Zittern* lautete 3,1 (vgl. Rudolf Ottos Terminus „fascinosum et tremendum", Das Heilige, 1917). *Heilge Lust und tiefes Bangen* (EKG) variierte schon 1899 das Elsässische Gesangbuch, jetzt ist die *Lust* zur *Freude* neutralisiert. Str. 3 und 4 loten das Abendmahl aus als Inbegriff für das allgemeine, unergründliche „Geheimnis des Glaubens" (vgl. den Beginn des Buches Jesus Sirach), das nur Gottes Geist selbst (Joh 6,63; 1. Kor 2,10) den Menschen zugänglich machen kann. Dass der Verstand hier passen muss, das Motiv des *non capis* (ital.: non capito), findet sich in der Fronleichnams-Sequenz *Lauda Sion salvatorem* (Str. 12), die auch im Luthertum als Gesang sub communione Platz finden konnte. Dort wird auch das Phänomen der Unverzehrbarkeit des Brotes trotz tausender Konsumenten benannt (*sumunt mille – nec sumptus consumitur*, Str. 16). Franck formuliert mit deutlicherem Bibelwort-Anklang und spielt auch auf die Einsetzungsworte Matthäus 26,27f an (Wein als *Christi Blut*).

Die Fülle des im Geheimnis Wunderbaren verdrängt das *Zittern*, bringt den Menschen vielmehr zum Staunen – *O der großen Heimlichkeiten,/ die nur Gottes Geist kann deuten* endete Str. 4. Im Vertrauen auf die Kraft von *Gottes Geist* kann der Gläubige sich *hier* (5,5), beim Abendmahl, der personalen Begegnung mit Jesus stellen. Dreimal wird Jesus emphatisch angerufen, dreimal mit ganz und gar positiven *mein*-Attributen verknüpft. Verschwunden ist alle scheue Distanz zum Heiligen. Die Unmittelbarkeit eines Liebesverhältnisses – *meine Freud und Wonne* (vgl. EG 396) – verschafft sich wieder Geltung. Und die Bitte um Teilhabe an Jesu *Himmelsspeise* (*Brot, das vom Himmel kommt* Joh 6,50.58) ist wie ein „bitte, bitte" unter Liebenden. Zwar fällt der Gläubige als sündiger Bittsteller Jesu *zu Füßen* (5,5), aber die Erhörung bringt einen beidseitigen Gewinn für die Glaubensbeziehung: *mir zum Heil/ dir zum Preise* (vgl. das davon abgeleitete Tischgebet: „Vater, segne diese Speise,/ uns zur Kraft und dir zum Preise!").

Im Anschluss an die Problematik in Korinth (1. Kor 11,17–34) wurde in der lutherischen Abendmahls-Katechese die Frage der potentiell „unwürdigen" Teilhabe, die dem Menschen sogar *zum Schaden* (V. 17) gereichen kann, stets stark gewichtet (vgl. Luthers Kleiner Katechismus, 5. Hauptstück). Dies greift die Schlussstrophe nochmals auf, wieder im Modus der Bitte an Jesus, der jetzt mit Johannes 6,35 als *wahres Brot des Lebens* angeredet wird. Im Anfangswort *hilf* von Z. 2 ist ebenso der Jesusname impliziert, der „Helfer" zu übersetzen ist (vgl. Ps 118,25 *O Herr, hilf*). In der Anrufung *Jesu* nimmt der Beter seine *Hilfe* in Anspruch. Mit dieser Anrufung reagiert der sündige Mensch adäquat auf die Einladung zum Mahl durch Gott (Str. 1). Die Schlussbitte rekurriert auf den eschatologischen Verweischarakter des Abendmahls – *wie jetzt auf*

Erden, so *im Himmel.* Das ursprüngliche *Seelenessen* (Z. 5), bedeutungsvolle Inklusion zur *Seele* am Liedbeginn, ist im EG erstmals in der Redaktionsgeschichte verschwunden. Seit dem 19. Jh. heißt es in der Schlusszeile *dein Gast* statt *ein Gast im Himmel.* Die Horizontweitung weg vom Ich-Du der Liebesbeziehung zum allgemeinen Gastrecht der Gläubigen im Himmel war von Franck aber sicher beabsichtigt.

Gegenüber den Angaben im EG ist die Genese des Liedes zu präzisieren. Bereits 1646 verweist Franck in einer Edition von 100 (einstrophigen) Vaterunser-Paraphrasen[2] auf *Schmücke dich, o liebe Seele* als Versmaß für Nr. 83. Das Lied muss also, sicher mit allen Strophen, schon davor entstanden sein. In einer „Erinnerung an den wohlmeinenden Leser", nach dem Register platziert, entschuldigt sich Franck, dass er auch auf Lieder verwiesen habe, die noch gar nicht publiziert sind, also auch noch keine Melodie haben, und ermuntert ausdrücklich zum „eigene Melodien aussinnen". Dem kam Johann Crüger nach. Da die Ausgaben seines Gesangbuchs Praxis pietatis melica von 1647, 1648 und 1649 nicht erhalten sind, im 1649 dazu edierten „Choralbuch" *Schmücke dich* als Nr. 103 aber mit einem vierstimmigen Satz erscheint, muss es spätestens 1649 mit dieser Melodie im Gesangbuch gestanden haben. Wie bei allen Sätzen ist 1649 nur die erste Strophe unterlegt. In der nächsten erhaltenen Gesangbuchausgabe von 1653 steht es komplett mit neun Strophen.

Crügers Melodie bringt das sprachliche Potential namentlich der ersten Strophe vollends zum Leuchten. Die erste Zeile beginnt und endet mit der affektiven Terz (vgl. *Herr, deine Liebe ist wie Gras und Ufer*!), ist darin Inbegriff von „Süße" als mystischem Heilstopos. In Z. 2 ist die typische mi/fa-Halbtonspannung dem polaren Wortpaar *dunkle* (Z. 2) / *herrlich* (Z. 4) zugewiesen, in den Fassungen ab 1653 zudem hervorgehoben mit einer Verzierung – ursprünglich punktiert statt Achtel – für das pointierende *herrlich.* Der Abgesang bringt eine Etage höher und durch Synkopierung emphatisch verstärkt den Sprung zum oberen Grundton (*Herr*) und wiederholt dies mit allem Nachdruck wörtlich, dem „Sursum corda" der Abendmahlsliturgie entsprechend. Das Schlüsselwort *jetzt* hat dann den Spitzenton. Deutlicher lässt sich die Hoch-Stimmung einer Hochzeit, bzw. in der Wiederholung die Gleichwertigkeit von Bräutigam und Braut, Herr und Gast, kaum ausdrücken. Crüger kadenziert dabei in die helle Dominante, im Satz von 1649 sogar doppeldominantisch angesteuert. Wie um solch himmlische Helligkeit mit dem irdischen Dunkel der Realität zu kontrastieren (vgl. die Unterlegung der Schlussstrophe *wie jetzt auf Erden*), führt Z. 7 in die Moll-Parallele zur Subdominante (original g-Moll, bezogen auf C-Dur im EG: d-Moll). So wird der extreme Abstand zwischen Gott und Mensch deutlich, den Gott im Mahl ja überwindet.

Rhythmisch könnte der stereotype Zeilenbeginn mit zwei Halben motiviert sein von den *Jesu*-Anrufungen in Str. 5 und am Beginn der Schlussstrophe. Auch der Terzeinstieg korrespondiert mit Liedern, die signifikant mit *Jesu* beginnen

[2] Johann Franckens Hundert-Thönige Vater-Unsers-Harffe/ in die bekandten Melodeyen der Evangelischen Kirchen-Gesänge eingestimet ..., Wittenberg 1646.

– z. B. die ursprüngliche Melodie zu *Jesu Kreuz, Leiden und Pein* (EG 78), jetzt bei EG 88 *Jesu, deine Passion; Jesu hilf siegen, du Fürste des Lebens* (EG BT 624; vgl. auch *Jesus nimmt die Sünder an* EG 353; *Meinen Jesus lass ich nicht* EG 402). So wäre das Grundprofil der Melodie eben das der *Jesu*-Anrufung, mit welcher der Gläubige auf die Einladung Gottes reagiert.

Das Ebenmaß der Melodie – die Abfolge zwei Halbe / vier Viertel / zwei Halbe ist fast überall gleich – gewährt dem Gesang eine gewisse Feierlichkeit, „Erhabenheit", wie es die Genfer Psalmliedmelodien kennzeichnet. Crügers Satz von 1649 unterstreicht dies durch Verzicht auf Durchgangsnoten. Lediglich zu *herrlich prangen* in Z. 4 verziert der Tenor signifikant. Auf den *Schmuck* der beiden obligaten Violinen, musikalisches Signet dieser Edition, verzichtet Crüger gerade bei diesem Lied, während J.S. Bach dann 1724 im Eingangssatz seiner Choralkantate das hochzeitliche *Prangen* instrumental förmlich inszeniert. Vielleicht fasst Crüger die „Vorbereitung zum Heiligen Abendmahl" als primär innerlichen Vorgang auf. In seiner zweiten Edition der konzertierenden Choräle 1657 kommt unter immerhin neun Abendmahlsgesängen das Lied nicht mehr vor.

Nach F bei Crüger stand die Melodie in den meisten Gesangbüchern des 19. Jh. (bis zum EKG) in Es. So ließ sich der Aufschwung des Abgesangs mit typischem Es-Dur-Pathos stemmen und der Terzeinstieg taugte zur romantischen Idyllisierung. Herzogenbergs Choralfassung in der Passion mit instrumentalem Vor-, Zwischen- und Nachspiel zeigt dies einschlägig. Das tiefe C-Dur-Niveau nun im EG wird kaum mehr die Leuchtkraft von *hellem Licht* (1,3) erschließen können.

Konrad Klek

223 Das Wort geht von dem Vater aus

Text

Verfasser Otto Riethmüller **Vorlage** Hymnus *Verbum supernum prodiens* des Thomas von Aquin (1264), vgl. AHMA 50/2, 388; W I,232 **Quellen** (a) *Ein neues Lied* (O. Riethmüller), Berlin 1932 * (b) *Schöne Musika: Blatt* 35, Berlin-Dahlem 1934 **Liturgische Einordnung** (a) Abendmahl **Strophenbau** A8/4a A8/4a A8/4b A8/4b vgl. Frank 4.58 **Abweichung** (a) nur Strophen 1 + 5 **Verbindung TM** in den Qn mit einem Abschnitt aus einer Motette von Josquin des Prez, s. Fußnote 6

Melodie

s. *Wir danken dir, Herr Jesu Christ* (EG 79)

Literatur

HEKG (Nr. 161) I/2, 276–279; III/1, 536f; Sb, 249f; HEG 253–255.325 ** ThustB, 224f; ThustL I, 391f ** RößlerL (^{2}2001) 893–933, bes. 920f ** ZIPPERT, Christian: „... gibt sich als Brot zum Heil der Welt“. Zu Lied EKG 161, Gottesdienst Praxis. Serie B **1991**, 61–64 * SCHNEIDER, Dietrich: Das Wort geht von dem Vater aus, in: Ralf Koerrenz/ Jochen Remy (Hg.): Mit Liedern predigen. Theorie und Praxis der Liedpredigt, Rheinbach-Merzbach ^{2}**1994**, 179–182 * BLOCK, Detlev: Das Lied der Kirche. Gesangbuchautoren des 20. Jahrhunderts, Lahr **1995**, 55–108, bes. 73–77 * BAUER, Dorothee: Verbum supernum prodiens – Das Wort geht von dem Vater aus. Ein Fronleichnamshymnus im Evangelischen Gesangbuch, Liturgie und Kultur 5 (**2014**) H. 3, 35–45

Das Abendmahlslied geht auf den lateinischen Hymnus *Verbum supernum prodiens* zurück, den Thomas von Aquin zur Einführung des Festes Fronleichnam dichtete. Das Fest des Leibes und Blutes Christi, das Papst Urban IV. im Jahr 1264 für die lateinische Kirche vorschrieb, sollte – mehr noch als am Gründonnerstag, an dem der Einsetzung des Abendmahles unter dem Vorzeichen der Passion gedacht wird – die Ehrfurcht vor den Mahlgaben, aber auch Dank und Freude zum Ausdruck bringen. Im Auftrag von Papst Urban IV. verfasste Thomas von Aquin die Texte für die Messe und das Stundengebet.[1] Den Hymnus *Verbum supernum prodiens* dichtete er für die Laudes, d. h. für das Gebet am Morgen innerhalb der Tagzeitenliturgie.

[1] Zur Verfasserfrage vgl. Jan-Heiner Tück, Gabe der Gegenwart. Theologie und Dichtung der Eucharistie bei Thomas von Aquin, Freiburg ^{3}2014, 228–236.

I	1	Verbum supernum prodiens	Das himmlische Wort hervorgehend
	2	Nec Patris linquens dexteram	und nicht die Rechte des Vaters verlassend,
	3	Ad opus suum exiens	zu seinem Werk hinausgehend,
	4	Venit ad vitae vesperam.	kam zum Abend des Lebens.
II	5	In mortem a discipulo	Bevor es von einem Jünger dem Tode und
	6	Suis tradendus aemulis	seinen Feinden ausgeliefert wurde,
	7	Prius in vitae ferculo	gab es in der Speise des Lebens
	8	Se tradidit discipulis.	sich den Jüngern dar.
III	9	Quibus sub bina specie	Diesen gab es unter zweierlei Gestalt
	10	Carnem dedit et sanguinem	Fleisch und Blut,
	11	Ut duplicis substantiae	um durch die doppelte Substanz
	12	Totum cibaret hominem.	den ganzen Menschen zu speisen.
IV	13	Se nascens dedit socium	In seiner Geburt gab es sich als Gefährten,
	14	Convescens in edulium;	gemeinsam essend sich zur Speise,
	15	Se moriens in pretium	sterbend [gab es sich] als Lösegeld,
	16	Se regnans dat in praemium.	herrschend gibt es sich als Lohn.
V	17	O salutaris hostia	O heilbringende Opfergabe,
	18	Quae caeli pandis ostium;	die du das Himmelstor öffnest;
	19	Bella premunt hostilia	feindliche Kriege bedrängen,
	20	Da robur, fer auxilium.	gib Kraft, bring Hilfe.
VI	21	Uni trinoque Domino	Dem einen und dreifaltigen Herrn
	22	Sit sempiterna gloria	sei ewige Ehre,
	23	Qui vitam sine termino	der uns Leben ohne Ende
	24	Nobis donet in patria. Amen.	gewähre im Vaterland. Amen.

Text und Übersetzung zitiert nach: Tück, 274.

Otto Riethmüller machte das Erstaunliche möglich, dass dieser katholische Fronleichnamshymnus Eingang ins evangelische Liedrepertoire finden konnte. Als Leiter der gesamtdeutschen weiblichen evangelischen Jugend schuf er in der Zeit des beginnenden Kirchenkampfes eine deutsche Übersetzung des Hymnus: Zunächst veröffentlichte er in dem von ihm herausgegebenen Liederbuch „Ein neues Lied“ zwei der insgesamt sechs Strophen; auf dem Liedblatt Nr. 35 der Liedblattsammlung „Schöne Musika“ des Burckhardthauses Berlin folgte zwei Jahre später 1934 die vollständige Fassung mit allen Strophen.

Was bewog Otto Riethmüller, ausgerechnet einen Gebetstext von Fronleichnam, diesem Inbegriff katholischer Eucharistiefrömmigkeit, und noch dazu aus der Feder Thomas von Aquins aufzugreifen? Zunächst ist für Riethmüller die Wahl einer alten Vorlage nicht ungewöhnlich: Die meisten seiner Lieder gehen auf Texte Luthers, der Böhmischen Brüder oder auf altkirchliche Hymnen zurück. In einer Zeit, in der Sprache und Gedankenwelt von nationalsozialistischer Propaganda unterwandert sind, setzt Riethmüller auf Texte der Tradition: In dem unvorbelasteten Material der Vergangenheit erkennt er das Erneuerungspotenzial für die Gegenwart: „Aber das Lied der Väter, besonders aus der Reformationszeit, wird gerade heute ganz neu. Unsere Zeit braucht die Botschaft dieses Liedes"[2] - so Riethmüller im Vorwort zu „Ein neues Lied". Darüber hinaus könnte ihn gerade der Beginn des Hymnus angesprochen haben: Die Rede vom Wort Gottes trifft den Nerv der fortschrittlichen evangelischen Theologie seiner Zeit, der Wort-Gottes-Theologie bzw. dialektischen Theologie, die auch für die oppositionelle Bekennende Kirche wichtig wurde, deren Reichsjugendkammer Riethmüller ab 1935 leitete. So steht das Lied in dem von Riethmüller 1935 herausgegebenen Liederbuch „Wehr und Waffen. Lieder der kämpfenden Kirche" prominent an erster Stelle.

Die Abendmahlsthematik selbst war für Otto Riethmüller offenbar zunächst zweitrangig. Die zweistrophige Kurzfassung des Liedes in „Ein neues Lied" ordnete er unter die Rubrik der Passionslieder ein. Die beiden Strophen, die den heutigen Strophen 1 und 5 entsprechen, handeln vom göttlichen Wort, das ausgeht, *am Kreuz das Heil* zu vollbringen und *des Himmels Tür* zu öffnen; die Stoßrichtung des Liedes in dieser ersten Fassung ist kreuzestheologisch bzw. soteriologisch. Im Liederbuch „Wehr und Waffen" ist das nun sechsstrophige Lied überschrieben mit „Krippe und Kreuz", was auf den Zusammenhang von Menschwerdung und Heilstod Christi abhebt.

Dass das Lied im heutigen Gesangbuch wieder unter den Abendmahlsliedern zu stehen kommt, hat dennoch seine Folgerichtigkeit. Denn bei genauer Betrachtung zeigt sich eine recht wortgetreue Übersetzung des Hymnus. Zwar schleift Riethmüller eucharistietheologische Spitzenaussagen ab, auch prägt er dem Lied einen zeitgeschichtlichen Stempel auf. Doch es bedurfte nur geringfügiger Änderungen, um den Fronleichnamshymnus in der evangelischen Kirche singbar zu machen.

Die erste Strophe setzt noch vor aller Zeit beim Geheimnis der Dreifaltigkeit an: Der Sohn - oder, wie es auch im Prolog des Johannes-Evangeliums heißt, das Wort, der Logos - geht aus dem Vater hervor, ohne die Sphäre Gottes zu verlassen. Dieses Wort wird Fleisch: In der Person Jesu Christi teilt sich Gott den Menschen mit. Ohne Umschweife führt die erste Strophe von der Göttlichkeit des Wortes über die Menschwerdung hin zum zentralen Heilswerk, dem Sühnetod Jesu. Während Thomas von Aquin dabei vom *Lebensabend* spricht, der sich sowohl auf den Tod Jesu als auch auf den Abend des letzten Mahles beziehen lässt, zeigt Riethmüller mit *der Welten Abendzeit* die Tragweite des Christus-Ereignisses für die ganze Welt und Menschheit auf: Christus gibt sich, wie es weiter in Str. 4 heißt, *zum Heil der Welt.* Auch die biblische Rede von der Endzeit (vgl. Hebr 1,2) mag im Hintergrund der *Abendzeit* stehen. Zugleich spitzt Riethmüller

[2] Otto Riethmüller, Vorwort zu: Ein neues Lied. Ein Liederbuch für die deutsche evangelische Jugend, hg. vom Evangelischen Reichsverband weiblicher Jugend, Berlin-Dahlem 1932 [ohne Seitenangaben].

die Botschaft des Liedes im Vergleich zur Vorlage personal zu: *uns*, die wir heute Abendmahl feiern, gilt das befreiende Handeln Christi, verstärkt durch drei weitere Vorkommen des Personalpronomens *uns* in 4,1; 5,2; 6,3.

Die zweite und dritte Strophe nehmen das letzte Abendmahl Jesu mit seinen Jüngern unter dem Vorzeichen des Verrates und des Todes Jesu in den Blick. Angesichts seiner Lebenshingabe gibt sich Jesus selbst in Brot und Wein, unterstrichen durch die Alliteration *den Seinen sich im Sakrament*. Wo Thomas von Aquin von der *Speise des Lebens* sprach, deutet Riethmüller die Selbstgabe Jesu als *neues Testament* und spielt damit auf das Vermächtnis Jesu an: *der neue Bund in meinem Blut* (Lk 22,20; 1. Kor 11,25).

Die Wiederaufnahme des Verbs *gab* zu Beginn der dritten Strophe empfindet abgeschwächt die „Theologie der Gabe“[3] nach, die für den lateinischen Hymnus *Verbum supernum* charakteristisch ist. Dagegen verzichtet Riethmüller bewusst auf die eucharistietheologische Begrifflichkeit des Thomas von Aquin, der von *Substanz* und *doppelter Gestalt* gesprochen hatte. Mit der Formulierung *des Mahles doppelt Teil* führt er stattdessen den – in den protestantischen Abendmahlsliedern seltenen – Gedanken weiter aus, dass die Doppelgestalt von Brot und Wein, die Fleisch und Blut Christ entspricht, den Menschen in seiner leib-seelischen Verfasstheit betrifft: Die Gaben von Brot und Wein dienen nicht nur der körperlichen Sättigung, sondern lassen den Menschen als ganzen *heil* werden.

Die vierte Strophe bietet eine poetische Zusammenfassung der zentralen Momente des Lebens und Sterbens Jesu, wobei die Schlüsselworte durch Alliterationen verbunden sind: *Bruder – Brot*, *Tod – Thron*. In Erinnerung gerufen werden die Menschwerdung Jesu, der unser Bruder (vgl. Hebr. 2,17) und unser Nächster ist; seine Selbstgabe in Brot und Wein beim letzten Abendmahl; sein Kreuzestod, der mit dem Motiv der Sühne verbunden wird (vgl. Mt 20,28); die Himmelfahrt des Auferstandenen, der den Tod besiegt hat. Der Heimgang des Sohnes zum Vater ist gewissermaßen die Pointe des in Str. 1 exponierten Ausgangs des Wortes.

Die Strophen fünf und sechs heben sich bereits sprachlich ab: Auf die Vergegenwärtigung der vergangenen Heilsereignisse folgt das vertrauensvolle Gebet an Christus, der mit *du* und *Herr* direkt angesprochen wird. Nicht umsonst verselbstständigten sich die letzten beiden Strophen, die bei Thomas von Aquin mit *O salutaris hostia* beginnen, kompositorisch – man denke an Vertonungen durch Orlando di Lasso, Charles Gounod oder Gioachino Rossini.[4] Während im lateinischen Gebet Christus als Opfergabe (lateinisch: *hostia*) angerufen wird, vermeidet Riethmüller die problematische Opferbegrifflichkeit und dichtet stattdessen frei: *Der du am Kreuz das Heil vollbracht*. Diese bekenntnishafte Zusammenfassung des Heilstodes Christi stellt nicht nur die weitreichendste Abwei-

[3] Zur theologischen Interpretation und Deutung des Hymnus *Verbum supernum prodiens* als „poetische Theologie der Gabe“ vgl. Tück, 274–280.

[4] Vgl. Orlando di Lasso, O salutaris hostia; Charles Gounod, O salutaris hostia, in: Messe brève Nr. 7 aux chapelles; Gioachino Rossini, O salutaris hostia, in: Petite messe solennelle.

chung vom Originaltext dar, sondern untermauert auch die kreuzestheologische Prägung, die Riethmüller dem Lied verleiht. Die folgende Bitte um Kraft und Beistand in *Kampf und Krieg* erfährt angesichts der Bedrohung durch den Nationalsozialismus der 1930er Jahre eine konkrete Zuspitzung. Heute lassen sich darin gemeinhin Mühsal und Zweifel im Alltag eintragen.

Nach einem Lobpreis der Dreifaltigkeit mündet die sechste Strophe in die Bitte, dereinst durch die geöffnete Himmelstür ins *Vaterland* geführt zu werden. Die Formulierungen *nach Haus*, *Vaterland* und *ewig alle Herrlichkeit* knüpfen dabei unmittelbar an das ewigliche Zu-Haus-Bleiben des Wortes beim Vater in der ersten Strophe an. Sprachlich bedient sich Riethmüller mit *Heil*, *Sieg(esheld)*, *starke Hand* oder *Vaterland* des Vokabulars seiner Zeit – um sich jedoch dezidiert davon abzugrenzen: Allein auf Christus ist zu hoffen, in seinem Tod liegen Heil und Sieg begründet.

Riethmüller selbst verband den Text mit einem Ausschnitt aus der vierstimmigen Motette *Ave Maria* von Josquin des Prez.[5] Die beschwingte Dur-Melodie im Dreivierteltakt verleiht dem ursprünglichen Passionslied eine gewisse heitere Gelöstheit. Den vierstimmigen Satz reduziert Riethmüller in „Wehr und Waffen“ auf die (am Ende leicht abgeänderte) Melodiestimme. Im EG wird das Abendmahlslied auf die traditionsreiche Melodie von Nikolaus Hermann aus dem 16. Jh. gesungen, die unter anderem (vgl. EG 350) auch dem bekannten Passionslied *Wir danken dir, Herr Jesu Christ, dass du für uns gestorben bist* (EG 79) unterliegt. Die Melodie des Abendmahlsliedes kann so an die ursprünglich kreuzestheologische Ausrichtung des Liedes bei Riethmüller erinnern.

Riethmüllers sprachgewandte Übersetzung bringt nicht nur einen in der katholischen Kirche eher in Vergessenheit geratenen Hymnus neu zu Gehör, sondern zeigt auch die bleibende Aktualität des Gebetstextes auf. Das gemeinsame Singen des Abendmahlsliedes verweist auf das Verbindende in der Tradition und lässt Ökumene Wirklichkeit werden.

Dorothee Bauer

[5] Josquin des Prez, Motette *Ave Maria*, Takte 94–109, in: Willem Elders (Hg.), The collected works of Josquin des Prez. New Josquin Edition, Bd. 23, Utrecht 2006, 20–27, hier 24–25.

252 Jesu, der du bist alleine

Text

Verfasser Gerhard Tersteegen **Quelle** *Zugabe noch einiger neuen Geistlichen Lieder.* [Zu der ersten Ausgabe von Tersteegens *Geistlichem Blumen-Gärtlein* 1729], Frankfurt und Leipzig 1731 **Überschrift** *Brüderliche Vorbitts-Seufzer. Mel. Ach, was soll ich Sünder machen ... oder: O wie selig sind die Seelen ...* **Strophenbau** 8/4a- 8/4a- 7/4b 8/4c- 8/4c- 7/4b Frank 6.30 **Abweichungen** 4,6 *Führ sie selbst nach deiner Pflicht;* nach 4: 5. *In der argen Welt sie rette;* nach 7: 9. *Ach! Besuch zu dieser Stunde;* 8,1 *Ach, du hast uns teu'r;* 9,1 bis *ich;* 9,2 *Droben werd'* **Verbindung TM** in der Q ohne N, aber mit Tonangaben (s. Überschrift); *Ach, was soll ich Sünder machen*: Z II,3573b–3576 (1661–1694) * *O wie selig sind die Seelen*: Z II,3862a (Freylinghausen 1710)

Melodie

s. *Alles ist an Gottes Segen* (EG 352)

Literatur

HEKG (Nr. 215) I/2,341–343; III/2,102–105; Sb,330f; HEG II,320–322 ** ThustB, 242; ThustL I, 443f ** KLL I (1878/1967) 369; RößlerL (2001) 596–637 (bes. 632) ** NELLE, Wilhelm: G. Tersteegens Geistliche Lieder. Mit einer Lebensgeschichte des Dichters und seiner Dichtung, Gütersloh **1897** * SAUER-GEPPERT, Waltraut Ingeborg: Zur Mystik in den Liedern Gerhard Tersteegens, in: Klaus Lazarowicz/ Wolfgang Kron (Hg.): Unterscheidung und Bewahrung (FS Hermann Kunisch), Berlin **1961**, 304–320 * ZELLER, Winfrid: Gesangbuch und geistliches Lied bei Gerhard Tersteegen, MuK 39 (**1969**) 60–66 * SAUER-GEPPERT **1984**, 133f * DEICHGRÄBER, Reinhard: „Gott ist genug". Liedmeditationen nach Gerhard Tersteegen, Göttingen [2]**1997**, bes. 118–124 * BUNNERS, Christian: Gerhard Tersteegens Lieder im Gesangbuch. Ein rezeptionsgeschichtlicher Beitrag, in: Manfred Kock/ Jürgen Thiesbonenkamp (Hg.): Gerhard Tersteegen – Evangelische Mystik inmitten der Aufklärung, Köln **1997**, 77–100

Das ursprünglich elfstrophige Lied wurde erstmals in der Zugabe zur ersten Auflage des „Geistlichen Blumengärtleins" 1731 gedruckt und steht dort seit der zweiten Auflage 1735 unter der Nr. 43. In die zweite Ausgabe des von Tersteegen herausgegebenen Gesangbuchs „Gott-geheiligtes Harfenspiel der Kinder Zion", des sogenannten „Großen Neander", 1736 fand es Eingang als Nr. 364. Als Melodie gab Tersteegen „Ach, was soll ich Sünder [machen]" an, ein in Text und Melodie von Johann Flitner stammendes, seinerzeit verbreitetes Lied, das allerdings im Reimschema (ABBACC) von unserem (AABCCB) etwas abweicht. Tersteegen versah sein Lied mit der Überschrift „Brüderliche Fürbitts-Seufzer". In den Gesangbüchern des 19. und 20. Jh. fand es weite Verbreitung.[1]

[1] Vgl. die Übersichten bei Nelle 1897, 392 und Bunners 1997, 90f.

Das Lied ist von Anfang bis Ende das Gebet eines Einzelnen. Er ruft Jesus als *Haupt und König der Gemeine* zunächst (Str. 1) für sich selbst (*dein armes Glied* 1,3) und dann für die Schwestern und Brüder andernorts (*deinen Gliedern allzumal* 2,3) an (Str. 2–7); am Ende schließt er sich mit ihnen im Wir zusammen (Str. 8; vgl. schon 4,2: *ich verein'ge mich mit ihnen*), ohne jedoch als Ich im Wir aufzugehen (vgl. Str. 9; s. u.). Die Rede von *Haupt* und *Gliedern* verdankt sich dem paulinischen Bild von der christlichen Gemeinde als dem *Leib Christi*, an dem die Einzelnen *Glieder* sind. Maßgeblich ist hier allerdings nicht die protopaulinische Fassung, die die Solidarität der Verschiedenen in dem einen Leib akzentuiert (vgl. 1. Kor 12,12–31 sowie Kap. 13f; Röm 12,3–8), sondern die deuteropaulinische Version des Epheserbriefes; sie fügt den Gedanken hinzu, dass Jesus Christus das *Haupt* des Leibes ist (4,15f) – in einem anderen biblischen Bild ausgedrückt, das in der reformierten Tradition Tersteegens hohe Wertschätzung genoss: der *König* dieses Gemeinwesens. Die Einzigkeit Christi (*alleine*), die in diesen Metaphern mit ausgedrückt ist, gehört schon biblisch zum Bildfeld des Leibes (*ein Leib* 1. Kor 12,12f; *ein Leib*, *ein Herr* Eph 4,4f). Und wenn der Beter als *dein armes Glied* vorspricht, dann ist das eine gattungsgerechte Demuts- und Bedürftigkeitsgeste in der Sprachtradition der Bibel (vgl. z. B. Mt 5,3; 2. Kor 6,10) und der geistlichen Dichtung (vgl. z. B. EG 75,1; 77,8; 78,3 u. v. ö.); sie passt zu dem in Str. 6 beschriebenen Ideal der Gotteskinder (s. dort).

Durch den Inhalt der Gebetsbitten sind die ersten beiden Strophen eng aufeinander bezogen. Für sich selbst und für die anderen bittet der Beter einheitlich um *Segen* (1,3; 2,2; vgl. 4,3), um den *Geist*, der ein christliches *Leben* ermöglicht (1,4f; 2,1), und um *Stärke* bzw. *Kraft*, in der Gottes *Güte* bzw. *Gnade* zur Wirkung kommt (1,6; 2,2; vgl. 4,5).

Bei seinen geistlichen Geschwistern *allzumal,/ wo sie hier zerstreuet wohnen / unter allen Nationen* (2,3–5) – Tersteegen führt eine internationale Korrespondenz –, verweilt der Beter im geradezu vertraulichen Gespräch mit Gott. Er vergewissert sich zunächst, dass sein Gegenüber weiß, von wem jetzt die Rede ist: *die du kennest überall* (2,6). Alsdann tut er sein Herz auf und bekundet, durchaus im Gestus der Selbstempfehlung, seine innige Liebe zu den Gleichgesinnten: *die dich suchen, die dich meinen … die sich ganz ergeben dir* (3,2.6). Endlich schließt er sich *vor deinem Angesicht* (4,3) engstens mit ihnen zusammen – um sie erst jetzt, die er als Inbegriff der Erwählungsgemeinschaft *Zion* nennt, wieder ins Gebet zu nehmen: zuerst wiederholt allgemein (*wünsch ich Zion tausend Segen,/ stärke sie in deinen Wegen,/ leite sie in deinem Licht* 4,4–6), sodann spezifischer, nämlich zunächst im Blick auf die *arge Welt*. Die im EG getilgte originale fünfte Strophe lautet:

In der argen Welt sie rette
und den Satan bald zertrete
gänzlich unter ihre Füß.
Töte durch den Geist von innen
Fleischeslust, Natur und Sinnen;
sei nur du den Deinen süß.

Bei Tersteegen und in der von ihm repräsentierten Spielart des mystischen Pietismus prägt sich der biblische (insbesondere johanneische und z. T. auch paulinische) Dualismus stark aus, nach dem *Welt, Fleisch, Natur und Sinnen*, weil sie an Sünde und Tod teilhaben und insofern gottwidrig sind, komplett auf die Seite des *Satan* gehören (vgl. 1. Mose 3,15; Mk 16,18; Lk 10,19; ferner Röm 8,13). Hingegen kommen sie in ihrer Gottgeschaffenheit und damit in ihrer geschöpflichen Notwendigkeit, Brauchbarkeit und Nützlichkeit, ja, auch in ihrer relativen Genießbarkeit gar nicht in Betracht – allenfalls, ganz pragmatisch, in ihrer puren Unvermeidlichkeit. Darin liegt, bei aller Stärke (s. u.), doch auch die Grenze dieses Verständnisses der Christenexistenz. Theologisch notwendig und möglich – und im Übrigen heute weithin selbstverständlich – sind Konzeptionen christlichen Lebens in der Welt, die zwar wissen, dass das Heil Gottes nur aus Gnade im Glauben empfangen werden kann (sola gratia, sola fide), die aber das dankbar empfangende und in der Liebe zu Gott und zum Nächsten verantwortlich gestaltete Leben in der von Gott geschaffenen Welt als dem „Bereich des Vorletzten" (D. Bonhoeffer) legitimieren und gutheißen. Im Blick auf die „Vergebung der Sünden, Auferstehung der Toten und das ewige Leben" (Apostolisches Glaubensbekenntnis, 3. Artikel) ist Jesus exklusiv *süß* – gewiss! Diesseits dessen dürfen sich aber die, *die dir dienen*, auch noch anderer Süßigkeiten erfreuen! Biblisch liegt dem Gedanken, dass Jesus *süß* ist, 1. Petrus 2,3 zugrunde: *da ihr ja geschmeckt habt, dass der Herr freundlich* (wörtlich: *süß*) *ist* (vgl. Ps 34,9).

Aber Tersteegens Position behält ihr relatives Recht, wie sich sogleich bei der nächsten Fürbitte zeigt. Sie gilt denen, *die in Kreuz und Leiden leben* (5,1), also in einer Situation bitterer Anfeindung oder Verfolgung, fern aller ‚Süßigkeit'. Diese Situation hatten Christen und Gemeinden um ihres Glaubens und Bekenntnisses willen immer wieder zu bestehen: von der Zeit des Neuen Testaments an, in der Frühzeit der Kirche, in den konfessionellen Kämpfen nach der Reformationszeit und bis heute als Minderheiten in religionsfeindlicher oder fremdreligiöser Umgebung. Als *Kreuz und Leiden* konnten Tersteegen und die Seinen sogar die Minderheitenexistenz der (radikaleren) Frommen bzw. ‚Stillen im Lande' in den normalkirchlichen Mehrheitsgesellschaften ihrer Zeit erleben. Seine Strategie zur Bewältigung dieser Situation knüpft biblisch an einen Typus an, wie er sich etwa im Ersten Timotheusbrief ausprägt; das Gebet *für alle Menschen, für die Könige und für alle Obrigkeit*, zu dem ermahnt wird, zielt darauf, dass *wir ein ruhiges und stilles Leben führen können in aller Frömmigkeit und Ehrbarkeit. Dies ist gut und wohlgefällig vor Gott* (2,2f). Tersteegen radikalisiert das *ruhige und stille Leben*: *lass sie dadurch werden kleiner / und von allen Schlacken reiner,/ ganz und gar in dich gewandt* (5,4–6). Die Wohlgefälligkeit vor Gott (*wie dein Wille / und wie du sie gern willst sehn* 6,5f) besteht einerseits in einer forcierten Unauffälligkeit vor den Menschen (die eine absolute Unsträflichkeit einschließt), andererseits – und eigentlich – darin, *dass sie ganz ergeben / ihre Seel in deine Hand,/ dass sie dadurch werden … ganz und gar* [orig.: *lauterlich*] *in dich gewandt* (5,2–3.4.6). Hier ist nicht an eine öffentliche Wirkung als Zeugen gedacht, z. B. *lasst euer Licht leuchten vor den Leuten, damit sie eure guten Werke sehen und euren Vater im Himmel preisen* (Mt 5,16) – ein Konzept, das in einer vergleichbaren Situation *in Kreuz und Leiden* z. B. der 1. Petrusbrief programmatisch entfaltet. Nicht *vor den Leuten*, sondern exklusiv vor und für Gott, ja geradezu *in* Gott sollen sie sich zeigen: *Mache deine Kinder schön*, d. h., wie Tersteegen in einer für ihn typischen Kaskade (vgl. EG 165,7,1) ausführt, *abgeschieden, klein und stille,/ sanft, einfältig, wie dein Wille / und wie du sie gern willst sehn* (6,3–6). Die Pointe liegt in dem *noch auf Erden* (6,1); was eschatologisch erhofft wird (*einst ... von allen Flecken rein ... vor deinem Thron ... ewig eins in dir zu sein* 9,1.4.6), das soll sich möglichst schon im irdischen Leben verwirklichen.

In der siebten und der darauf folgenden, nicht ins EG übernommenen originalen neunten Strophe legt der Beter seinem Herrn besonders die Menschen ans Herz, die ihn eigens um seine Fürbitte gebeten haben. Er tut dies in einer geistlich weisen Allgemeinheit, die Gott die Konkretionen überlässt: *Gib du jedem solchen Segen,/ wie es not; du kennst sie wohl* (7,5f). Wie schon die zweite, so beginnt auch die folgende Strophe der „brüderlichen Fürbitts-Seufzer" gattungsgerecht mit *Ach*:

Ach! Besuch zu dieser Stunde
ihre Herzen und im Grunde
sie erfreu in dir allein;
zeuch mit deinen Liebeszügen
ihre Lust und ganz Vergnügen
wesentlich in dich hinein –

die Vereinigung des Hauptes der Gemeinde mit allen Gliedern soll sich nicht nur allgemein *noch auf Erden* ereignen, sondern akut jetzt, da sich der Beter in der Fürbitte zu ihnen gesellt.

Hier nun schließt er sich auch sprachlich mit ihnen im Wir zusammen (Str. 8). Während die Erinnerung, durch Jesu Tod teuer erkauft zu sein, im Neuen Testament mehrfach die *Christen* zu einem entsprechenden Verhalten motivieren soll (1. Kor 6,20; 7,23; 1. Petr 1,18f), wird hier *Jesus* angehalten, sein Eigentum zu schützen, weil es ihn so viel gekostet hat: *denke, Jesu, wir sind dein./ Halt uns fest, solang wir leben / und in dieser Wüste schweben* (8,3–5). Die *Wüste* ist hier als Ort nicht nur der Pilgerschaft, sondern auch der Gefährdung durch Vereinzelung vorgestellt: *lass uns nimmermehr allein* ... (8,6). Nicht von ungefähr kehrt der Dichter mit Beginn der neunten Strophe zum vereinzelnden *Ich* zurück: ... *bis ich einst mit allen Frommen / droben werd zusammenkommen* (9,1f). Indem das EG und bereits die Vorgängergesangbücher ändern: ... *bis wir einst mit allen Frommen / dort bei dir zusammenkommen*, ebnen sie den Gedanken ein, dass die Diaspora-Existenz des Ich und all der anderen, die *hier zerstreuet wohnen* (2,3), erst *vor deinem Throne* (9,4) aufgehoben sein wird: *ewig eins in dir zu sein* (9,6) – darauf zielt die eschatologische Zusammenkunft *mit allen Frommen / dort bei dir.*

Uns in dir, dich in uns sehen (9,5) bildet die Sozialgestalt der reziproken Formel *Ich in dir, du in mir* (z. B. EG 165,5,8 u. ö.), welche die mystische

Vereinigung in und mit Gott bezeichnet. Im Ausblick auf die eschatologische communio mystica, die wechselseitige Vereinigung der Glieder in und mit ihrem Haupt, gipfeln und enden die „Brüderlichen Fürbitts-Seufzer“.

MARTIN EVANG

275 In dich hab ich gehoffet, Herr

EG 275 RG 23 EM 345

Text

Verfasser Adam Reißner **Vorlage** Ps 31 **Quelle** *Form vnd ordnung Gaystlicher Gesang*, Augsburg 1533 **Überschrift** *Psalm. XXXI. In te domine speraui.* **Ausgabe** W III,170 **Strophenbau** A8/4a A8/4a A7/3b- A8/4c+c A7/3b- Frank 6.16 **Abweichungen** 3,4 *Wider mein feynd, der gar vil seind*; 3,5 *an mich*; 7,1 *Glori, lob, ehr*; 7,2 *sey Got vatern vnd sun berayt*; 7,3 *dem hailing gayst mit namen* * RG: 1,5 *in dir, dem treuen Gotte* * EM: 5,4 *Nimm meiner* **Verbindung TM** in der Q ohne N, aber mit Tonangabe *Da Jesu an dem Kreuze stund* (Text und Melodie um 1495; Z I,1706; DKL III/1.3 Ek7; GL1 187; in der Melodiequelle (s. u.) ist diesem Text die Melodie DKL III/1.3 Ek7B unterlegt, deren ältere Fassung im Babstschen Gesangbuch (DKL 1545[01]) zum Text *In dich hab ich gehoffet, Herr* gedruckt ist * Text und Melodie wie EG (mit melodischen Abweichungen): Straßburg 1560 (DKL 1560[12]; Z II,2459) * spätere Melodien zum Text: Z I,1712 (Dresden 1608), Z II,2460b-2465 (1557-1634)

Melodie

Incipit 11_5_2_4_3b_2-1 **Vorlagen** *Christ ist erstanden von der Marter alle/ Christus ist erstanden, von des Todes Banden/ Jesus ist ein süßer Nam* (DKL III/1.2 C18) **Quelle** *Ein gmein gsangbuechle von vil vor und yetz nüwgedichten Psalmen/ Hymnen vnd geistlichen liedern* [...], Zürich um 1552 (DKL 1552[02]) **Ausgaben** DKL III/1.2 C18B; (Z II,2459) **Ambitus** G: 9; Z: 57b7b55 **Abweichungen** Oktave tiefer; vor N. 1: Viertel- und Achtelpause; alle Zeilen enden mit einer Halbenote, gefolgt von Viertel- und Achtelpause **Verbindung MT** in der Q zum Text *O Gott Vater in Ewigkeit* (Othmar Stalvus, W IV,211) * weitere Texte: *O Vater unser Herre Gott, wir bitten dich* (W. Cuntzel, DKL 1567[13]); *Christus, Gottes Sohn, unser Herr* (W III,607; DKL 1543[06]; DKL III/1.2 C18A); *Erstanden ist uns Jesus Christ, die Gnad* (Valentin Triller; W IV,66; DKL 1555[07]; DKL III/1.2 C18C; Z II,2459/2); *Jesus ist ein süßer Nam* (W II, 1002; DKL 1571[10]; DKL III/2 C18D sowie später C18E, C18G, C18I, C18L, dazu s. DKL III/3-4); *Mein G'müt sehr dürr und durstig ist* (J. Schwayger, J. Haym von Themar; W V,1398; DKL 1581[10]; DKL III/3 C18F); *Jesus Christus, unser Heiland, der den Tod überwand* (M. Luther; EG 102; DKL 1586[11]; DKL III/3 C18H); *Und Christ, der ist erstanden von seiner* (DKL 1602[03]; DKL III/4 C18K)

Literatur

HEKG (Nr. 179) I/2, 300f; III/2,10-12; Sb, 276-279.284.528.545; HEG II, 251f. 276-279 ** ThustB, 254f; ThustL II, 18-20 ** Böhme (1877) 533d; KLL (1878- 1886) I, 409; B (1886-1911) I, 379f.448-450; EEKM (1888-1895) I, 674f; Nelle (^{3}1924/ 1962) Nr. 364; DKL III (1993- 2010)/1.2, Textbd., 14-16; DKL III/2, Textbd., 101; DKL III/4, Textbd., 203f ** SPITTA, Friedrich: Weitere liturgische Kriegsbeiträge, MGKK 20 (**1915**) 217f.233 (Satz E. Hohmann) * JENNY, Markus: Zur Weise von „In dich hab ich gehoffet, Herr“, JLH 7 (**1962**) 104-106 * RÖSSLER, Martin: Bibliographie der deutschen Liedpredigt, Nieuwkoop **1976**, 258 * EVERS, Ute: Das geistliche Lied der Schwenckfelder, Tutzing **2007**, passim

Als Adam Reißner (andere Namensform „Reusner“) sein Psalmlied über Psalm 31 im Jahr 1533 erstmals im Druck herausbrachte, war er bereits seit einem Jahr Stadtschreiber seiner Geburtsstadt Mindelheim im bayrischen Schwaben. Das Lied hält sich so sehr an die biblische Vorlage, dass man darin kaum Spuren des Spiritualismus von Kaspar Schwenckfeld entdecken wird, der Reißner neben der Wittenberger Theologie geprägt hat.

Den ersten sechs Psalmversen entsprechen sechs Liedstrophen. Die letzte Strophe, eine „Gloria-Patri-Strophe“, bildet – in lutherischer Tradition – den trinitarischen Abschluss. Wie Rudolf Köhler zeigte,[1] hat sich Reißner teilweise mehr an die lateinische Vulgata als an den Luthertext gehalten. In jedem Fall ging es ihm um singbare Nachdichtung einer Psalmvorlage. Wir blicken deshalb zunächst auf den Text. Wie geht Reißner mit der biblischen Vorlage um, was wollte er darin besonders hervorheben?

Strophe 1 „verdichtet“ ganz überwiegend den Psalmvers 2: *HERR, auf dich traue ich, lass mich nimmermehr zuschanden werden, errette mich durch deine Gerechtigkeit!* Allerdings wird das „Zuschanden-Werden“ durch einen Zusatz konkretisiert: *noch ewiglich zu Spotte.* Woher hat Reißner den „Spott“? Er nimmt hier den Psalmvers 12 auf: *Vor all meinen Bedrängern bin ich ein Spott geworden.* Auch Anhänger der Reformation erfahren solche Infragestellungen, schlussendlich aber Gottes errettende *Gerechtigkeit* als seine *Treue.* Reißner folgt damit einer entscheidenden theologischen Erkenntnis Martin Luthers: Ich muss mich nicht selber rechtfertigen, sondern kann mich darauf verlassen, dass Gott zu mir steht.

Strophe 2 widmet sich dem halben Psalmvers 3a: *Neige deine Ohren zu mir, hilf mir eilends!* Diese notvolle Bitte wird noch eindringlich verstärkt: *In Angst und Weh ich lieg und steh; hilf mir in meinen Nöten* (Ps 31,10a).

Strophe 3 greift aus dem zweiten Halbvers 3b des Psalms zunächst nur das Stichwort *Burg* auf: *Sei mir … eine Burg, dass du mir helfest!* Gott als „Burg“ bedeutet Schirm[2] und Beistand im Zweifrontenkrieg (*auf beiden Seiten*) gegen ein feindliches *Heer,* so dass *frei und ritterlich streiten* überhaupt eine Chance bekommt. *Auf beiden Seiten* – hier klingt Psalm 91,7 an: *Wenn auch tausend fallen zu deiner Seite und zehntausend zu deiner Rechten, so wird es doch dich nicht treffen.* Das ist oft genug illusionär, wird hier aber zum Bild- und Verheißungswort einer angefochtenen Glaubensexistenz.

Darum geht es weiterhin in Strophe 4, die zum Psalmvers 4 überleitet: *Fels* und *Burg* aus dem vorherigen Vers werden erneut aufgegriffen – jetzt nicht als Bitte, *sei mir …,* sondern als Wirklichkeit: *… du bist mein Fels und meine Burg,* darum *wollest du mich leiten und führen, um deines Namens willen.* Dieser Name Gottes bewährt sich in vielfachen Aspekten. So werden dem *Fels* und der *Burg*

[1] Köhler, HEKG I/2, 300f.

[2] „Schirmer“ in Str. 3 orientiert sich wohl an *protector* in der Vulgata (vgl. Köhler aaO.).

sieben weitere Bildworte und Hoheitstitel hinzugefügt: *Stärke* (siehe Psalmvers 5: ... *denn du bist meine Stärke*), *Schild* und *Kraft*, *Hilfe*, *Heil* und *Leben*, zusammenfassend *mein starker Gott.* Fazit: *Wer mag mir* denn dann noch *widerstreben?*

Aber das nach allem, was dem Betenden *widerfährt*! Strophe 5: Der Beter sieht sich in ein Gerichtsverfahren verwickelt, eine Anklage voll Lügen und erdichteten Verleumdungen. *Mir hat die Welt trüglich gericht' / mit Lügen und falschem Gedicht / viel Netz und heimlich Stricke.* An entsprechender Stelle (V. 5) bittet der Psalm nur um *Rettung aus heimlich gestellten Netzen*, das Lied: *Herr, nimm mein wahr in dieser G'fahr, / b'hüt mich vor falscher Tücke.*

Strophe 6 entspricht dann dem Psalmvers 6. Der spricht allerdings vom *treuen* Gott, Reißner folgt hingegen dem Vulgata-Wortlaut *Deus veritatis – wahrer Gott* und schließt mit dem Ausblick *hilf mir am letzten Ende.* Christen denken alsbald an die Passionsgeschichte nach Lukas (23, V.46): Jesus stirbt mit dem Psalmvers 6a auf den Lippen! Stephanus, der erste christliche Märtyrer, ruft *Herr Jesus, nimm meinen Geist auf!*[3]

Hier endet Reißners Nachdichtung: Neunzehn weitere Psalmverse wären für ein Psalmlied zu viel und zu vielfältig geworden. Und zum Singen war diese Nachdichtung des Psalms 31 von vornherein bestimmt.

Der Erstdruck verwies für dies Lied auf die Melodie des Passionsliedes *Da Jesus an dem Kreuze stund*, ein Lied von den Sieben Worten Jesu am Kreuz. Bei dieser Zuweisung blieb es auch noch in Reißners Gesangbuch von 1554. In einem Straßburger Gesangbuch von 1560 aber wird sein Psalmlied erstmals mit der inzwischen gebräuchlichen Melodie im ersten Kirchenton verbunden.[4] Diese hatte schon eine reiche Vorgeschichte. Seit dem Beginn des 15. Jh. wurde sie mit verschiedenen Texten verbunden, insbesondere aber mit zwei Osterleisen: Zum einen *Christ ist erstanden*, alternativ, in mehrstimmigen Liedmotetten, auch kombiniert mit der uns geläufigen Melodie; zum andern wurde sie schon früh (seit Ende des 14. Jh.?) mit einer anderen Osterleise gesungen: *Jesus ist ein süßer Nam.* Beide Melodien sind eng verwandt. Markus Jenny vermutet, dass beide letztlich auf der, ohnehin textlich zugrunde liegenden, Ostersequenz *Victimae paschali laudes* basieren. Es handelt sich in jedem Fall um einen mittelalterlichen Melodietyp, der bis ins 16. Jahrhundert hinein immer wieder, wenn auch vielfach abgewandelt, nachwirkt – auch in Lutherliedern wie *Jesus Christus, unser Heiland, der den Tod überwand* (EG 102) oder *Wir glauben all an einen Gott* (EG 183).

Eine eigenständige Ausgestaltung des vorgeprägten Tonmaterials in EG 275 zeigt schon die Formung der ersten Melodiezeile.[5] Charakteristisch fällt die stufenweise Verkleinerung des Startintervalls auf: Einer aufsteigenden Quinte

[3] Apg 7,59b.

[4] Siehe oben Hymnologische Nachweise. Vgl. DKL III/1.2 zur Melodie C18; auch M. Jenny aaO. und Walther Lipphardt, Die Melodien in Reißners Gesangbuch von 1554, JLH 16, 1971, 68.

[5] Die Achtelnoten am jeweiligen Zeilenbeginn sind nicht konstitutiv, sondern ergeben sich aus einem variablen Versmaß. Das zeigen die unterschiedlichen Melodiefassungen.

folgt ein Quartsprung abwärts, danach eine aufsteigende Terz und ein Sekund-Abstieg, der bis zum Grundton verlängert wird. Damit entsteht der Eindruck zweier gegenläufiger Bögen, die sich in der Dreiklangsmitte treffen und gemeinsam zum Ausgangston zurückkehren. Dieser Anfang wird als vierte Zeile noch einmal wiederkehren. Zunächst aber wiederholt die zweite Zeile den Quintsprung, um alsdann die Oberquinte auf- und absteigend zu umkreisen. Am Zeilenende verweilt die Melodie aber auf dem *a*, um von hier in der dritten Zeile im Quartsprung die Oberoktave als Spitzenton zu erreichen.[6] Sie vermag dann in Terz- und Sekundschritten einen Septimenraum zu durcheilen, woraufhin die vierte Zeile vom Grundton her den Beginn wiederholt. Eine Schlusszeile bekräftigt diesen Fundamentton, indem sie die Auf- und Abbewegung von Zeile zwei, leicht abgewandelt, nunmehr auf ihn bezieht. Dadurch ergibt sich der Eindruck von Geschlossenheit als Entschlossenheit einer auf „den Herrn" gegründeten Glaubenszuversicht, wie sie Reißners Dichtung gleich am Anfang zum Ausdruck brachte und wie sie – durch alle Anfechtungen hindurch – das ganze Lied wie schon die biblische Psalmvorlage durchzieht. – Text und Melodie: eine ziemlich späte, aber doch sichtlich geglückte Verbindung!

Joachim Stalmann

[6] Die Theorie der Kirchentonarten spricht hier vom „Repercussionston" („Abprallton"), von dem die Melodie wieder zum Ausgangs- bzw. Endton („Finalis") zurückstrebt.

280 Es wolle Gott uns gnädig sein

EG 280 RG 43

Text

Verfasser Martin Luther **Vorlage** Ps 67 **Quellen** (a) *Ein weyse Christlich Mess zu halten*, Wittenberg 1524 * (b) *Eyn Enchiridion oder Handbüchlein* und *Enchiridion Oder eyn Handbuchlein* (Erfurter Enchiridien zum Färbefaß und Schwarzen Horn), Erfurt 1524 (DKL 1524[03] und 1524[05]) **Überschrift** (a, b) *Der .lxvj. Psalm, Deus misereatur* **Ausgaben** W III,7; WA 35, 418f (Nr. 3); WA.A4, 184–187 (Nr. 10); HahnL 16f (Nr. 9) **Strophenbau** A8/4a A7/3b-, A8/4a A7/3b-, A8/4c A7/3d- A8/4c A7/3d- A7/3(d,x) Frank 9.2; JLH 9 (1964) 56f **Abweichungen** (a) 1,1 Es *wöll uns got genedig*; 1,4 *ins ewig*; 2,4 *singt* * (b) 1,1 Es *wolt uns got genedig* **Verbindung TM** (a) ohne M * (b) wie EG * weitere: bei Johann Walter (Z IV,7246; DKL III/1.2 Ec4, heute zum Text *Christ, unser Herr zum Jordan kam*: EG 202); Z IV,7248 (Herrmann 1805), 7249 (Elberfeld 1805)

Melodie

Incipit 5__6b_5_4_5_7b__8__7b_.6b5__ **Vorlage** *Maria Gottes Gnaden voll* (15. Jh.; Ludwig Senfl, Sämtliche Werke, Bd. II, Teil 1: Lieder aus handschriftlichen Quellen, Wolfenbüttel/Zürich 1962, Nr. 31 **Quelle** *Der Lxvj. Deus Misereatur*, Magdeburg 1524 (DKL 1524[11]) **Ausgaben** Z IV,7247; WA.A4, 184f; DKL III/1.1 B17 **Ambitus** G: 10; Z: 58(58)54857b **Abweichungen** Septime tiefer (1. Ton *h*); ¢; Zeile 2, N. 1: Viertel mit vorausgehender Viertelpause; N. 8–10: je Halbe; Zeile 7, N. 8: Viertel; Zeile 8, N. 1: Viertel; N. 7 Viertel; Zeile 9, N. 1: Viertel; N. 6 und 7: Halbe **Verbindung MT** *O Herre Gott, erbarm dich mein* (W. Cyclop; Zwickau; DKL 1525[11]); *Gott, mein Herr, sei genädig mir* (J. Dachser; Straßburg, DKL 1538[06]); *Ich will Gott loben alle Zeit* (J. Dachser; Augsburg, DKL 1557[03]); *Gott, in der Stille zu Zion* (B. Thaurer, bei C. Spangenberg; DKL 1568[06]); *Du bist, Herr, unser Hilf und Schutz* (ders. ebd.); *Die Himmel uns erzählen klar* (G. Sunnderreiter; DKL 1581[09]); *Herre, allmächtiger Gott* (P. Reinigius; DKL 1587[08]); *Der Herr erhör' dich in der Not* (C. Becker; DKL 1605[03]); *Alles, was Odem hat auf Erd* (P. Reinigius; DKL 1605[04]) * weitere s. DKL III/1, Register, 55

Literatur

HEKG (Nr. 182) I/2, 302f; III/2, 17–21; Sb, 283–285; HEG II, 121f.204–208.298f ** ThustB, 256–258; ThustL II, 28–30 ** WA (1883ff) 35, 123f.418–421.632f; Bruppacher (1953) 17f; WA.A4 (1985), 66–68.184–187; DKL III (1993–2010)/1.1, Textbd., 187f; DKL III/Abschließender Kommentarbd., 100–102; ** AMELN, Konrad: „Es wolle Gott uns gnädig sein." Über Herkunft und Gestalt der „Straßburger" Melodie, JLH 3 (**1957**) 105–108 * JENNY, Markus/ AMELN, Konrad: Zur Entstehungszeit und Herkunft der Straßburger Lutherweisen, JLH 4 (**1958/59**) 101–109 * WEISMANN, Eberhard: Es wolle uns Gott gnädig sein, WüBll 26 (**1959**) 4–7 * JENNYG **1962**, 188f (Nr. 42) * BLANKENBURG, Walter: Johann Walters Chorgesangbuch von

1524 in hymnologischer Sicht, JLH 18 (**1973/1974**) 65–96 (bes. 83–86) * HAHNEV **1981**, bes. 100.248–250 * MÜLLER, Norbert: Die frühen Wittenberger Psalmlieder im Evangelischen Gesangbuch, JLH 26 (**1982**) 103–117 (bes. 104–110) * DERS.: Luthers Psalmlieder und die Mitte seiner Theologie, ThLZ 108 (**1983**) 481–492 (bes. 487f) * VEIT, Patrice: Das Kirchenlied in der Reformation Martin Luthers. Eine thematische und semantische Untersuchung, Stuttgart **1986**, passim * AMELN, Konrad: „Es wolt vns Gott genedig sein." Eine „Straßburger" Melodie aus Wittenberg, JLH 32 (**1989**) 146–157 * BLANKENBURG, Walter: Johann Walter. Leben und Werk (aus dem Nachlass hg. v. Friedhelm Brusniak), Tutzing **1991**, 149.165–167 * MEDING **1998**, 102–104 * LAUTERWASSER, Helmut: Verschollen geglaubte Gesangbücher der Reformationszeit wiederentdeckt, JLH 53 (**2014**) 168–182

Bevor das Lied 1524 in den beiden Erfurter Enchiridien abgedruckt wurde und damit weite Verbreitung fand, war es im Jahr zuvor in der Übersetzung der Formula Missae erschienen, die Paul Speratus unter dem Titel „Eine Weise christlich Meß zu halten" besorgt hatte. Speratus hatte es – sicherlich mit Zustimmung Luthers – als Schlusslied für den Gottesdienst angefügt, weil es als Übertragung von Psalm 67 (Vulgata: 66) an die Segensformeln anschließt, die Luther in der Formula Missae als Alternative zum Aaronitischen Segen aus 4. Mose 6 für das Ende des Gottesdienstes nennt.[1] So wird die Verwandtschaft mit dem Aaronitischen Segen für Luther ausschlaggebend gewesen sein, Psalm 67,7.8 als zusätzliches Segenswort anzubieten.

Das Lied gehört zu den Psalmliedern von 1524 (*Ach Gott, vom Himmel sieh darein* – Ps 12; *Es spricht der Unweisen Mund wohl* – Ps 14; *Wär Gott nicht mit uns diese Zeit* – Ps 124; *Wohl dem, der in Gottes Furcht steht* – Ps 128; *Aus tiefer Not schrei ich zu dir* – Ps 130). Nach der Übersetzung des Neuen Testaments hatte Luther 1522 auch die Psalmen ins Deutsche übersetzt und den Plan entwickelt, weitere Psalmen in deutsche Strophenlieder zu übertragen. Hierfür hoffte er auf Unterstützung durch Mitstreiter[2], steuerte allerdings selbst nur die Psalmlieder von 1524 und *Ein feste Burg* zu Psalm 46 von 1528 bei. Es ist nicht überliefert, was Luther bewogen hat, Psalm 67 in Liedform zu bringen. Bereits im Betbüchlein von 1522[3] stellt Luther die Zehn Gebote, das Vaterunser, das Glaubensbekenntnis, das Ave Maria und die Psalmen 11, 67 und 51 als Mustergebete in deutscher Sprache zusammen. Im Betbüchlein steht Psalm 51 an dritter Stelle. Diese eklektisch anmutende Reihenfolge[4] wird durch den liturgischen Gebrauch des Psalms bestimmt sein. Die Benediktsregel, die vorsieht, dass der ganze Psalter im Laufe einer Woche gesungen wird[5], beginnt

[1] Paul Speratus, Ein weyse Christlich Mess zu halten 1524. Luthers Formula Missae ins Deutsche übersetzt, zit. nach: Wolfgang Herbst (Hg.), Evangelischer Gottesdienst. Quellen zu seiner Geschichte, Göttingen 1992, 31.

[2] WA BR 3, 220, Nr. 698: Brief an Georg Spalatin von Ende 1523.

[3] WA 10,2, 411.

[4] Karl Drescher als Kommentator des Betbüchleins von 1522 in der WA zu den Kriterien für die Auswahl der Psalmen: „Es ist schwer zu sagen, wie Luther gerade zu dieser Zusammenstellung geführt sein mag" (WA 10,2, 339).

[5] Regula Benedicti, 18.

jede Laudes, sonntags wie werktags, mit Psalm 67[6], gefolgt von Psalm 51. Diese beiden Psalmen als Mustergebete gehörten somit zu den wenigen, die im Stundengebet täglich gebetet werden. Auch wenn nicht sicher ist, nach welcher Ordnung Luther als Mönch das Stundengebet hielt, wird ihm Psalm 67 durch das tägliche Morgengebet besonders nah gewesen sein.[7] Die Erfordernisse der Gottesdienstreform und die geistliche Vertrautheit dürften dafür ausschlaggebend gewesen sein, dass Luther Psalm 67 als einen der ersten Psalmen in Liedform übertrug.

Nicht nur der Psalm selbst diente Luther als Mustergebet, sondern er betrachtete auch seine Übertragung in Liedform als Muster für weitere Psalmenübertragungen. Ende 1523 hatte er in einem Brief an Spalatin[8] hierfür Kriterien benannt, und das Lied entspricht genau den eigenen Vorgaben. Die Psalmvorlage wird nicht wortgenau übersetzt, vielmehr wird der Sinn mit freien Worten in einer dem Volk verständlichen Sprache („pro captu vulgi“) wiedergegeben. Dahinter steht der pädagogisch-geistliche Anspruch des Reformators, dass mit den Psalmliedern zum einen „Gottes Wort und christliche Lehre auf allerlei Weise getrieben und geübt werde“[9] und dass zum anderen die Lieder zur inneren Aneignung des Glaubens verhelfen. Formal verwandelte Luther den hebräischen Parallelismus membrorum in Endreime (Kreuzreim) und verknüpfte jeweils zwei oder drei Bibelverse zu einer Liedstrophe.

<table>
<tr><td>2. Gott sei uns gnädig und segne uns,/</td><td>1. Es wolle Gott uns gnädig sein
und seinen Segen geben,</td></tr>
<tr><td>er lasse uns sein Antlitz leuchten, SELA.</td><td>sein Antlitz uns mit hellem Schein
erleucht zum ewgen Leben,</td></tr>
<tr><td>3. dass man auf Erden erkenne seinen Weg,/</td><td>dass wir erkennen seine Werk
und was ihm lieb auf Erden,
und Jesus Christus, Heil und Stärk,</td></tr>
<tr><td>unter allen Heiden sein Heil.</td><td>bekannt den Heiden werden
und sie zu Gott bekehren.</td></tr>
<tr><td>4. Es danken dir, Gott, die Völker,/</td><td>2. So danken, Gott, und loben dich</td></tr>
<tr><td>es danken dir alle Völker.</td><td>die Heiden überalle,</td></tr>
<tr><td>5. Die Völker freuen sich und jauchzen,/</td><td>und alle Welt, die freue sich
und sing mit großem Schalle,</td></tr>
<tr><td>dass du die Menschen recht richtest</td><td>dass du auf Erden Richter bist
und lässt die Sünd nicht walten;
dein Wort die Hut und Weide ist,</td></tr>
</table>

6 Regula Benedicti, 12.13.

7 Vgl. Andreas Odenthal, „… totum psalterium in usu maneat.“ Martin Luther und das Stundengebet, in: ders., Liturgie vom Frühen Mittelalter bis zum Zeitalter der Konfessionalisierung. Studien zur Geschichte des Gottesdienstes, Tübingen 2011, 223. Danach hat das Erfurter Augustinerkloster entweder eigene Erfurter Breviere oder womöglich Mainzer Breviere genutzt, die aber gegenüber den Ansprüchen der Regula Benedicti deutlich reduziert waren. Der Laudespsalm blieb dabei jedoch stabil.

8 S. o. Anm. 2.

9 Die Vorrede des Wittenberger Gesangbuchs von 1524, WA 35, 474 (Orthographie – auch in den folgenden Luther-Zitaten – modernisiert).

und regierst die Völker auf Erden. SELA.	die alles Volk erhalten, in rechter Bahn zu wallen.
6. Es danken dir, Gott, die Völker,/ es danken dir alle Völker. 7. Das Land gibt sein Gewächs;/	3. Es danke, Gott, und lobe dich das Volk *in guten Taten;* Das Land bringt Frucht und bessert sich, *dein Wort ist wohlgeraten.*
es segne uns Gott, unser Gott! 8. Es segne uns Gott,/ und alle Welt fürchte ihn!	Uns segne Vater und der Sohn, uns segne Gott der Heilig Geist, dem alle Welt die Ehre tu, vor ihm sich fürchte allermeist. *Nun sprecht von Herzen: Amen.*

Grundsätzlich versteht Luther die Psalmen als Glaubenszeugnis, das auf Christus hinweist, und entsprechend deutet er den Psalter direkt christologisch. So auch Psalm 67, den er bei den Psalmen einordnet, die „weissagen, als von Christo und der Kirchen oder den Heiligen, wie es ihnen gehen soll.“[10] Christus als göttliches Wort ist für ihn der Zielpunkt des Psalms, den er in paulinischer Perspektive liest. Die Völker sind die Heiden, denen Paulus das Evangelium gebracht hat und die sich nicht „beschneiden und gen Jerusalem laufen [...], sondern in der Heidenschaft bleiben und gleichwohl Gott danken, fröhlich sein und ihn fürchten, das ist, ihm dienen.“[11] Diese Deutung schlägt sich auch in der Nachdichtung in Liedform nieder. Jede Strophe überträgt Vers für Vers den Psalmtext, konkretisiert aber die Beschreibung von Gottes Heilshandeln, indem es auf Christus bezogen wird.

Strophe 1 nimmt zunächst wie der Psalm den Priestersegen aus 4. Mose 6,24–26 auf, ergänzt aber *zum ewgen Leben.* Wie im Psalm verbindet sich mit dem Segen die Erwartung, dass die Heiden Gott und Gottes Heilshandeln erkennen. Auch die Bewegung vom Uns / Wir (*sei uns gnädig*) zu den Heiden übernimmt das Lied vom Psalm. Der Psalmist bittet um den Segen, damit die Völker Gottes Heilshandeln erkennen – damit ist zunächst Gottes Handeln an seinem Volk gemeint. Im Lied dagegen soll die Erkenntnis Gottes, die der Segen bewirkt, zunächst das Wir erreichen und erst dann die Heiden, die sich dadurch zu Gott bekehren sollen. Für das Wir des Liedes ist Christus der Ausgangspunkt des Segens und der Erkenntnis Gottes. Zielpunkt ist die Bekehrung der Heiden, die möglich wird, wenn sie Christi Heil und seine Stärke erkennen. Die möglicherweise für Versmaß und Textrhythmus eingefügte Erweiterung *und was ihm lieb*[12] *auf Erden* bezieht in das Heilswirken Gottes seinen Heilswillen mit ein.

Strophe 2: Wie in Psalm 67,4 wechselt mit Beginn der zweiten Strophe die Sprechrichtung der Liedaussagen. Gott wird direkt angesprochen. Der Anschluss an Str. 1 ist konsekutiv. Der Bekehrung folgt der Dank der Heiden dafür, dass Gott über die Völker richtet. Spricht der Psalmist in nachexilischer Perspektive davon, dass Gott über die Völker herrscht, ist für Luther die

[10] Summarien über die Psalmen und Ursachen des Dolmetschens. 1531–33, WA 38, 17.
[11] AaO., 42.
[12] Orig. *liebt* = beliebt, wohlgefällig ist (vgl. WA 35, 418).

paulinische Sicht bestimmend. Gott herrscht als Richter, der *die Sünd nicht walten*, d. h. regieren lässt. Mit *dein Wort* ist das Evangelium von Jesus Christus im Vollzug seiner Verkündigung gemeint. Hier fasst Luther in Reimform, was er im Summarium über den Psalm so formuliert: Christus wird als Richter „die Leute recht richten, das ist mit dem Evangelium regieren, dass sie von Sünden los vor ihm gerecht leben und mit Freuden danken sollten“[13]. Insofern thematisiert die Liedstrophe in reformatorischer Weise das Leben der Gerechtfertigten: Die, denen im Glauben an das Wort die Sünde vergeben ist, sind zugleich befähigt und gehalten, *in rechter Bahn zu wallen*. Neben den paulinischen Bezügen scheint hier auch die Bildwelt der Rede des Guten Hirten von Johannes 10 durch, auf dessen Weide und in dessen Schutz die Gerechtfertigten leben.

Strophe 3: In der dritten Strophe wird Gott zwar weiterhin direkt angesprochen, aber nun wird die Aufforderung für die Heiden aus Str. 2 konkretisiert. *Es danke, Gott, und lobe dich / das Volk in guten Taten.* Entsprechend der reformatorischen Einsicht, dass die Rechtfertigung des Sünders zum guten Tun befähigt, soll sich der Dank an Gott für die Gerechtmachung durch Christus *in guten Taten* ausdrücken. Sie sind die Antwort auf Gottes zuvor ergangenes rechtfertigendes Wort. Sie sind „der neue und rechte Gottesdienst“[14]. Den Erntedank des Psalms löst Luther aus seinem ursprünglichen Kontext und bezieht ihn auf die Wirkung des göttlichen Wortes, die er in der Verbreitung der reformatorischen Gedanken vor Augen hatte. Auf das Gleichnis vom vierfachen Acker (Mk 4,20parr) anspielend, ist das Wort Gottes der Same, der Frucht gebracht hat und nun positiv wirkt (*das Land … bessert sich)*. Dies beeinflusst auch die Vorstellung, wer mit den *Heiden* (2,2) gemeint ist; es sind diejenigen, die sich noch nicht zu Christus bekannt haben, denen aber die Verkündigung gilt. Von hier aus ist auch die Wirkungsgeschichte des Liedes verständlich (s. u.).

Insgesamt vollzieht das Lied die gleiche Bewegung wie der zugrunde liegende Psalm, blickt dabei jedoch auf Christus. Mehrfach wechselt die Aussagerichtung zwischen Vokativ und Indikativ. Jeder Indikativ beschreibt das Heil durch Christus. Schließlich wird der Segen erbeten und zum *Amen* aufgefordert. Dieser Wechsel von Anrufung und Verkündigung entspricht dem Ineinander von Gottes Wort und der Antwort der Gemeinde in der Feier des Gottesdienstes. Wie in der 20 Jahre später bei der Einweihungspredigt der Torgauer Schlosskirche formulierten Beschreibung, was den „rechten Gottesdienst“ ausmache, beschreibt Luther in seinem Psalmlied bereits 1524 das Zusammenspiel von ‚katabatischen‘ und ‚anabatischen‘ Elementen des Gottesdienstes.

Das Lied erschien erstmals im Zusammenhang mit dem Schlusssegen des Gottesdienstes. Dieser Gebrauch hat sich offensichtlich durchgesetzt.[15] Genauso

[13] Ebd.

[14] Ebd.

[15] So beschließen nach der Kirchen-Ordnung der Schönburg’schen Herrschaft von Johann Pfeffinger vom 18. Oktober 1542 *Es wolle Gott uns gnädig sein* und *Gott sei gelobet und gebenedeiet* den Sonntagsgottesdienst. Vgl. Emil Sehling, Die Evangelischen Kirchenordnungen des XVI. Jahrhunderts I/2, Leipzig 1904, 171.

gehörte es in den reformatorischen Gottesdienstordnungen aber von Beginn an auch zum Kontext der Predigt. Das Straßburger „Kirchenampt“ von 1525 sah für den Predigtgottesdienst vor, dass die Predigt von *Nun bitten wir den Heiligen Geist* und *Es wolle Gott uns gnädig sein* gerahmt wird, wofür offensichtlich der Wittenberger Brauch als Vorbild gedient hatte.[16] Auch in nachreformatorischer Zeit erwähnen die Gottesdienstordnungen es als Predigtlied, so z. B. in der Gottesdienstordnung der Laurentiuskirche von Halle.[17] In der Grafschaft Henneberg sieht die Kirchenordnung von 1566 vor, es sowohl an Sonn- als auch an Werktagen nach der Predigt und vor den Kollekten zu singen.[18] Auch nach der „Kirchenordnung der Christlichen Gesenge“ für die Kurfürstliche Hofkirche von Dresden von 1581 wird das Lied zu Pfingsten nach der Predigt gesungen.[19] Vor der Predigt war es dagegen laut der sog. Bringhäuser Agende (um 1560) in der Grafschaft Waldeck für die Zeit von Advent bis Ostern als Anrufung des Heiligen Geistes vorgesehen.[20]

Wie schnell sich das Lied verbreitet hat, belegt ein Eintrag in der Butzeschen Magdeburger Chronik zum Johannistag 1524, nachdem „ein alter armer Mann ein tuchmacher bey Keyser Otten gestanden und alhie die ersten Geistlichen lieder feile gehabt, als Aus tieffer noht schrey ich zu dir und: Es wolt uns Gott genedig sein, und solche den leuten fürgesungen.“[21] Die weitere Schilderung lässt darüber hinaus erkennen, dass das Lied schon zu dieser Zeit als lutherisches Bekenntnislied galt. Weil er „des Luthers ketzerische gesenge“ verbreitete, wurde der Tuchmacher vom Bürgermeister ins Gefängnis geworfen, aber auf Druck der Bürger wieder befreit.

Zwei aus der Reformationszeit überlieferte Anekdoten bestätigen, dass Vertreter des alten Glaubens das Lied als Lied von Luther bekämpften, es aber wegen seiner biblischen Grundlage doch akzeptierten.

Im Spangenbergschen Adelsspiegel ist die erfolgreiche Intervention des Rats und Hauptmanns Hans von Lunderstedt überliefert, der seinen Herrn, Graf Ulrich von Regenstein im Harz, davon abbringt, die Geistlichen zu bestrafen, die in seiner Kapelle Luthers Lieder hatten singen lassen. Lunderstedt erklärte, dass das Lied nur der in Reimform gebrachte Psalm, Bitte und Gebet an Gott sei. Graf Ulrich las daraufhin Luthers Schriften und ließ die Lutherlieder und die Reformation in seiner Herrschaft zu.[22]

16 Vgl. Walter Blankenburg, Der gottesdienstliche Liedgesang der Gemeinde, Leiturgia IV, 1961, 637.

17 AaO., 621.

18 Sehling, Kirchenordnungen I/2, 333.

19 Eberhard Schmidt, Der Gottesdienst in der evangelischen Schloßkirche zu Dresden, Diss. Halle 1956, nach Blankenburg, Liedgesang, 622 mit Anm. 30.

20 Blankenburg, Liedgesang, 621f.

21 Der selbständige Teil der Magdeburgischen Chronik von Georg Butze, in: Die Chronik der niedersächsischen Städte. Magdeburg, 2. Band, Leipzig 1899, 107, s. Karl Drescher, Die erste Überlieferung. Die Gesangbücher des Jahres 1524, WA 35, 9.

22 Cyriakus Spangenberg, Adels-Spiegel: Historischer Ausführlicher Bericht Was Adel sey und heisse, Bd. 6, Schmalkalden 1594, 61.

Bekannter noch ist die Äußerung von Heinrich II. von Braunschweig-Wolfenbüttel (1489–1568), der ein erbitterter Gegner Luthers war und gegen den sich Luther 1541 in seiner Streitschrift „Wider Hans Worst" wendete und den er hier als „tollen Heinz" bezeichnete. Als Heinrich zugetragen wurde, dass in seiner Hofkapelle lutherische Lieder gesungen wurden, fragte er, welche das seien. Als ihm mitgeteilt wurde, man singe *Es wolle Gott uns gnädig sein*, antwortete er: „Soll uns denn etwa der Teufel gnädig sein? Wer soll uns denn gnädig sein, als Gott? Lasst sie singen und mich ungeschoren!"[23]

Den Charakter einer Bekenntnis- und Kampfhymne bekommt das Lied spätestens, als Gustav Adolf II. vor der Schlacht bei Lützen von einem Trompeter *Ein feste Burg* intonieren ließ und danach *Es wolle Gott uns gnädig sein* sang.[24]

Mit dieser Ausrichtung hat sich das Lied dem Protestantismus eingeprägt und wurde in Gefahr oder schwierigen Lagen auch im 20. Jh. angestimmt. So wuchs seine Beliebtheit in den von Kriegsgewalt, Schuld, Flucht und Vertreibung gezeichneten Gemeinden nach dem Ende des 2. Weltkriegs. 1968 sangen die Synodalen es im Gottesdienst der letzten EKD-Synode vor der endgültigen Abtrennung des Bundes der Evangelischen Kirchen in der DDR.[25]

In dem Maße, in dem der Bekenntnischarakter des Liedes in den Hintergrund rückte, sank die Scheu davor, in Luthers Text einzugreifen. Was schwer verständlich oder nicht mehr nachvollziehbar war, wurde geändert. In Klopstocks Geistlichen Liedern fand es Aufnahme in der Abteilung „Veränderte Lieder". Klopstocks Prinzip, das zu ändern, was unverständlich ist und die Andacht stört, führte zu einer eher seelsorglichen Ausrichtung des Liedes. In Str. 1 wird aus *erleucht zum ewgen Leben*: *erleucht' er uns zum Leben*. Aus *dass wir erkennen seine Werk / und was ihm lieb auf Erden* wird: *Lass uns erkennen, unser Gott,/ dein großes Werk auf Erden!* Statt von *Jesus Christus, Heil und Stärk* singt Klopstock von *Jesu Christi Mittlertod*. In Str. 3 stieß sich Klopstock offensichtlich an der Behauptung *dein Wort ist wohlgeraten*; bei ihm wird Gott gebeten: *Dein Wort lass wohlgeraten*. Auch die Schlussverse sind signifikant verändert. Sie lauten: *Es segn' uns Gott, geb' uns den Lohn,/ der nach der Erde Leiden / die müden Pilger tröstet!*[26]

KATHARINA WIEFEL-JENNER

Die Herkunft der Melodie hat in der Forschung zu Diskussionen Anlass gegeben. Erhalten ist ein Liedblatt,[27] das in Magdeburg gedruckt wurde, und aus Magdeburg wird auch berichtet, dass ein Tuchhändler auf dem Markt Lutherlieder gesungen und Liedblätter verkauft habe.[28] In dem Bericht ist das Lied

[23] Carl Georg Heinrich Lentz, Bücher der Geschichte der Lande Braunschweig und Hannover, Braunschweig 1840, 136.

[24] Friedrich von Raumer, Geschichte Europas seit dem Ende des fünfzehnten Jahrhunderts, Bd. 6, Leipzig 1843, 545.

[25] EKD-Spaltung. Letzter Akt, Der Spiegel, 46/1968, 49.

[26] Friedrich Gottlieb Klopstock, Geistliche Lieder, Bd. 1, Kopenhagen und Leipzig 1758, 176f.

[27] DKL 1524^{11}.

Es woll uns Gott genädig sein erwähnt, und auf dem Liedblatt ist es mit der Melodie gedruckt. Ob es sich um das Blatt handelt, das der Tuchhändler auf dem Markt verkauft hat, können wir nicht wissen - möglich wäre es schon.

Da auch aus Straßburg sehr frühe Quellen der Melodie erhalten sind, nämlich die beiden undatierten Drucke des „Teutsch kirchen ampt" von 1525 oder eventuell schon 1524,[29] wurde auch die Meinung vertreten, sie stamme von dort und sei von Matthäus (Mathias) Greiter verfasst worden.[30] Eine Herkunft aus Straßburg ist aber von der Quellenlage her wenig wahrscheinlich, und eine Autorschaft Greiters ist eine bloß auf stilistische Beobachtungen gestützte Hypothese, die schon in ihrem Befund fragwürdig ist. Dazu kommt, dass das Konstanzer Gesangbuch, das - anders als damals sonst üblich - die Melodieautoren (mit Initialen) angibt, für diese Melodie nicht auf den sonst im Gesangbuch durchaus vertretenen Greiter hinweist, sondern auf Luther, was seinerseits allerdings auch kaum zutreffen kann.[31]

Die Autorenfrage wird nämlich stark relativiert durch die Existenz einer Melodie, die als Vorlage für unsere Melodie in Frage kommt: Sie steht in einem fünfstimmigen Satz Ludwig Senfls zu dem Marienlied *Maria, du bist Gnaden voll.*[32] Vom Druckjahr her (um 1522-24) könnte die Abhängigkeit auch umgekehrt sein,[33] was aber eher unwahrscheinlich ist, zumal eine Verwandtschaft des Marienliedes zu dem schon 1494 belegten *Da Jesus an dem Kreuze stund* besteht.[34] So muss die Herkunft offen bleiben. Vermutlich ist die Melodie im Umfeld Luthers nach der genannten Vorlage entstanden; dass Luther selbst Melodie und Text zusammengefügt hat, ist eine Möglichkeit, bleibt aber rein hypothetisch. Johann Walter verwendet in seinem Chorgesangbuch eine andere Melodie, nämlich diejenige, die später zu Luthers Tauflied *Christ, unser Herr, zum Jordan kam* verwendet worden ist.[35] Das muss nicht heißen, dass er die unsrige nicht gekannt hat. Seine Kontakte zu Straßburg, wo sie ja offenkundig auch bekannt war, sprechen dagegen. Vielleicht hat er sie für ungeeignet gehalten und ersetzt.

Tatsächlich ist sie in ihrer Gestalt nicht ganz unproblematisch, vor allem in ihrer rhythmischen Organisation, in der Verteilung von langen und kurzen Noten und der Lage der Ligaturen. Eher ungewöhnlich sind nämlich die Ligaturen am Schluss der Stollenzeilen 1/3 und 2/4; in Melodien dieser Zeit würde man sie eher am Liedschluss erwarten, wie beispielsweise im Straßburger Nunc-Dimittis-Lied *Im Frieden dein, o Herre mein.*[36] Noch ungewohnter ist die Stellung

[28] Vgl. dazu bei Ameln 1989, hier 146-148.

[29] DKL 1524^{15} / 1524^{16}.

[30] M. Jenny, Luthers geistliche Lieder und Kirchengesänge, Köln/Wien 1985, 66.

[31] Vgl. Ameln, aaO., 150.

[32] UB Basel Mscr. F X 3; Ameln 1957, 105-108.

[33] DKL III/1.1 B17.

[34] DKL III/1.3 Ek7.

[35] DKL III/1.2 Ec4.

[36] EG 222. Die Ligatur ist gegenüber dem Original stark vereinfacht. Vgl. dazu den Kommentar in HEG III/16, 8-13, hier 12.

der Ligatur in Zeile 1/3 auf der letzten Silbe, während sonst bei betont endenden Zeilen eher die drittletzte Silbe, d. h. die zweitletzte Akzentsilbe mit Ligaturen versehen wird. Johannes Zahn hat die Ligatur denn auch auf diese Silbe verschoben, was aber von den frühen Quellen nicht gedeckt ist.

Auf dem Magdeburger Liedblatt sind die dritt- und zweitletzte Note der zweiten Stollenzeile sowie der Schlusszeile lang, so dass die Ligatur aus zwei kurzen und zwei langen Noten besteht. Andererseits sind bei den Zeilenübergängen 7–8 und 8–9 sowohl die Schluss- wie die Anfangsnote kurz. Die Straßburger Quelle hat an dieser Stelle lange Noten. Dies entspricht der dort häufigen Auftaktlängung – ein weiteres Argument gegen die Straßburger Herkunft, da eine nachträgliche Auftaktkürzung weniger wahrscheinlich ist als die Längung.

In ihrer Gestalt erscheint die Melodie recht groß angelegt, entsprechend der langen und ziemlich komplex aufgebauten Strophe. Der Tonumfang ist mit einer Dezime groß, die Tonumfänge der einzelnen Zeilen wechseln zwischen groß und mittel, Zeilen mit Oktavambitus (2/4 und 7) können als stiltypisch für das frühe und mittlere 16. Jh. gelten – man denke an *Vom Himmel hoch, da komm ich her* (EG 24) und *Ein feste Burg ist unser Gott* (EG 362) oder an Genfer Psalmliedmelodien wie Psalm 8 und Psalm 105 (EG 271, 290). Die Schlusszeile, mit dem Ambitus einer Septime, bildet als Variante zum Stollenschluss die Andeutung einer Reprisenform.

Innere Beziehungen zwischen den Zeilen finden sich vor allem im Abgesang, den Zeilen 5 bis 9. Die Zeilen 5 und 9 sind zueinander symmetrisch, die Zeilen 6 und 8 entsprechen sich in der Gesamtbewegung und in der Schlussformel, während die Zeile 7 so etwas wie eine Symmetrieachse innerhalb des Abgesangs bildet; mit ihrem Oktavdurchgang hebt sie sich von den übrigen Abgesangszeilen ab.

Der großräumigen Anlage entspricht die melodische Bewegung. Tonwiederholungen kommen nicht vor, dafür einige Terzen und Quarten, und alle Zeilenübergänge bilden Sprünge nach oben. Der phrygische Modus mag in modernen Ohren eher gedämpft klingen und insofern in einer gewissen Spannung zu der lebhaften Melodiebewegung stehen – für die Reformationszeit ist aber eine solche Wahrnehmung kaum vorauszusetzen.

Zusammenfassend können Ambitus, Auftakte, Ligaturen, Korrespondenzen und der Modus als stil- und zeittypisch angesehen werden, atypisch dagegen ist die Lage der Ligaturen, die der Melodie Individualität verleihen, sie aber auch etwas sperrig machen.

Andreas Marti

289 Nun lob, mein Seel, den Herren

EG 289(ö) RG 59(ö) EM 4(ö)

Text

Verfasser Johann Gramann; Str. 5: Königsberg **Entstehung** (um 1530) 1540; Str. 5: 1549 **Vorlage** Psalm 103 **Quellen** (a) *CONCENTVS NOVI. TRIUM VOCUM* [...] (Johannes Kugelmann), Augsburg 1540 (DKL 1540[13]; Faksimile der Melodiestimme: JLH 26 (1982) 119) * (b) Str. 5: *Der CIII. Psalm: Lobe den Herrn meine Seele gepredigt und ausgeleget durch Joann Funcken*, Königsberg 1549 **Ausgabe** W III,969 **Besonderes** ‚Hildebrandston' mit vorangestelltem Vierzeiler (s. Frank) **Strophenbau** A7/3a- A8/4b A7/3a- A8/4b, A7/3c- A6/3d A7/3c- A6/3d A7/3e- A6/3f A7/3e- A6/3f Frank 12.2 (S. 727) **Abweichungen** (a) 1,9: mit *rechte* trost; 1,12: die *leidenden im* reich; 2,8: den *blöden* ist er hold; 3,2: *über seine junge kindlein*; 3,3: *so* wir; 3,7: *gleich wie das graß von rechte*; 5. Str. fehlt * RG: 1,9: *mit Trost dich überschüttet*; 2,8: *und trägt uns mit Geduld*; 3,1: *Wie Väter mit Erbarmen*; 3,2: *auf ihre zarten Kindlein schaun*; 3,4: *wenn wir nur* kindlich *ihm vertraun*; 4,4: *die ihm zu dienen ist bereit*; 4,5 *und seinen* Bund *zu halten*; 4,7: *Ihr* Engel *und Gewalten*; 4,8: *lobt ihn und dient zugleich* * EM: 2,8: *und trägt uns mit Geduld*; 3,1: *Wie Väter mit Erbarmen*; 3,2: *auf ihre Kinder zärtlich schaun*; 3,4: *wenn wir nur* kindlich *ihm vertraun*; 4,4: *die ihm in Ehrfurcht steht bereit*; 4,5: *und* seinen Bund *will* halten; 4,7: *Ihr* Engel *und Gewalten*; 4,8: *lobt ihn und dient zugleich* **Verbindung TM** wie EG * *Bringt Ehr und Preis dem Herren* (C. Becker; DKL 1605[03]; vgl. DKL III/3-4, Kommentarbd., 308) * verschiedene Melodiefassungen mit weiteren Texten s. DKL III Ef16–Ef16G

Melodie

Incipit 1 1_-7-6_-5 1_23_ **Verfasser** Hans Kugelmann **Entstehung** um 1530 **Quelle** s. o. Text **Ausgaben** Z V,8244; B II,290; B III,112; DKL III/1.2 Ef16; Johann Kugelmann, Concentus Novi (1540), hg. von Hans Engel, Kassel u. a. 1955 (= EDM Sonderreihe 2), Nr. 17 **Ambitus** G: 8; Z: 64(64)55645654 **Abweichungen** Mittelstimme eines 3st. Satzes; Taktvorzeichnung C; kleine Terz höher; Beginn und an den Zeilenübergängen 2–3, 4–5, 6–7, 8–9, 10–11: zwei Viertelpausen, dafür Schlussnoten der Zeilen 2,4,6,7,10 punktierte Halbe; Z. 1, N. 1 *g'*; Z. 5, N. 6–7 erst Viertel, dann Halbe; Z. 6, zu *dein Schwach-*: Viertel *a* Halbe *a* Viertel *fis* Viertel *g*; Z. 10, zu *Adler*: *fis e*; Z. 11, zu *schafft Recht, be-*: *g fis e*; Z. 12 zu *in seinem*: punktierte Viertel *g* Achtel *fis g a* Viertel *h* Halbe *c* (*-nem*), Schlusston: punktierte Ganze * RG: Taktvorzeichnung 6/4; Z. 6, 8, 10, 12 endet mit übergebundener Halbe ohne Pause * EM: 4st. S (nach Michael Praetorius 1609) **Verbindung MT** wie EG * *Man lobt dich in der Stille* (EG 323/ EKG 229) * *Gott Lob, nun ist erschollen* (EKG 392)

Literatur

HEKG (Nr. 188) I/2,307f; III/2,28–31; Sb 291–293; HEG II,118f.188 ** ThustB 262f; ThustL II, 44–47 ** EEKM (1888–1895) II, 424–427; KLL (1878–1886) II, 122–124; Koch ([3]1866–1877) VIII, 316–320; Nelle [3]1924, Nr. 3; Schlunk (1951)

261; Bruppacher (1953) 25–27; DKL III (1993–2010)/ 1.2, Textbd., 226–229 * SPITTA, Friedrich: Kritische Bemerkungen zu unsern Kirchenliedern, MGKK 29 (**1924**) 2–4 * WEISS, Ewald: Choralsingstunde, GuK **1954**, 113f * FORNAÇON, Siegfried: Wenig bekannte Komponisten des EKG. Hans Kugelmann, „Oberster Trompeter" in Königsberg, Km 6 (**1955**) 136f * FORNAÇON, Siegfried: Nun lob, mein Seel, den Herren, MuK 26 (**1956**) 23–25 * JENNYG **1962**, 191 * BRAUN, Werner: Die evangelische Kontrafaktur. Bemerkungen zum Stand ihrer Erforschung, JLH 11 (**1966**) 92 * RÖSSLER, Martin: Bibliographie der deutschen Liedpredigt, Nieuwkoop **1976**, 267 * AMELN, Konrad: „Gleich wie das Gras …" Eine „dunkle Stelle" in dem Psalmlied von J. Gramann (EKG 188) JLH 26 (**1982**) 118–135 * SAUER-GEPPERT **1984**, 16f.31.69 * LÄHNEMANN, Johannes: Liedpredigten. Mit Kunstwerken von Rika Unger, Nürnberg **1996**, 108–115 * LEITMEIR, Christian Thomas: Kugelmann, (1) Hans, ²MGG Personenteil 10 (**2003**) 802f * MAWICK, Gudrun: Nun lob mein Seel EG 289, in: Arnold/Bresgott **2011**, 250–253

Das früheste evangelische Lobpreislied entstand an einem Ort und zu einer Zeit massiver Umbrüche. Nachdem Albrecht von Preußen[1] (1490–1568), der letzte Hochmeister des Deutschen Ordens, sich zur Reformation bekannt hatte, wurde der seit dem 13. Jh. im Baltikum existierende Deutschordensstaat 1525 in ein weltliches Herzogtum umgewandelt, das spätere Ostpreußen wurde unter polnischer Souveränität als erbliches Lehen zum ersten protestantischen Staatswesen der Geschichte.[2] Die Ausarbeitung von Kirchenordnung und Gesangbuch[3] folgte auf dem Fuß. Das Psalmlied des ostpreußischen Reformators Johann Gramann,[4] den Luther 1525 für die kirchliche Reformarbeit nach Königsberg empfohlen hatte[5] und den manche den „preußischen Orpheus" genannt haben,[6] gehört in diese Zeit. Es zieht Superlative auf sich: „das älteste Loblied der evangelischen Kirche",[7] „ein Höhepunkt des deutschen Psalmliedes".[8] „Es ist ein herrliches Lied …",[9] „was gibt es Majestätischeres, Brünstigeres, Beflügelteres als diesen Lobgesang",[10] ein evangelisches Te Deum[11], vom hohen und weiten Flug des Liedes[12] ist die Rede, die Melodie sei „eine der bewegtesten, freudigsten, festlichsten des evangelischen Kirchengesangs"[13].

[1] Autor des Liedes *Was mein Gott will, gescheh allzeit* (EG 364).

[2] Vgl. Klaus Garber/ Manfred Komorowski/ Axel E. Walter (Hg.), Kulturgeschichte Ostpreussens in der frühen Neuzeit, Tübingen 2001.

[3] DKL I/1, 1527$^{05-06}$.

[4] Vgl. HEG II, 118f; der gräzisierte Name Poliander, mit dem Gramann zuweilen genannt wird, ist die Übertragung des Namens Graumann.

[5] „Den prediger, so E. f. g. begerd, hab ich bestellen helffen; er soll bald hynach komen." Brief Luthers vom 26.5.1525 an Herzog Albrecht von Preußen, WA Briefwechsel 3. Band, Weimar 1933, Nr. 876, 513.

[6] Koch I, 359.

[7] AaO.

[8] HEKG III/2, 29.

[9] Koch VIII, 317.

[10] NelleG, 59.

[11] Vgl. NelleG, aaO.

[12] Nelle, 11.

[13] Koch VIII, 317.

Der spätere Braunschweiger Superintendent Martin Chemnitz war 1550–1553 Bibliothekar in Königsberg und berichtet 1575, Herzog Albrecht von Preußen habe Gramann im Jahr 1525 veranlasst, den 103., des Herzogs Lieblingspsalm, in ein Lied umzuformen.[14] Das EG gibt als Entstehungszeit „um 1530" an, denn das Lied ist etwa zu der Zeit in Königsberg gesungen worden.[15] Das genaue Entstehungsjahr lässt sich jedoch nicht mehr ermitteln. 1540 wurde es anonym gedruckt in den von Herzog Albrechts Hofkapellmeister Hans Kugelmann (1495–1542) herausgegebenen „Concentus novi trium vocum", mit dem Autorennamen versehen dann in der Rigischen Kirchenordnung von 1548.[16]

Immer wieder hat das Lied prominente Verwendung gefunden. Nach der siegreichen Schlacht bei Rain am Lech im 30-jährigen Krieg besetzte Gustav Adolf am 24. April 1632 die Stadt Augsburg, restituierte das Augsburger Bekenntnis und ließ im Festgottesdienst Gramanns Lied singen. Als am 25.10.1648 der Westfälische Friede proklamiert wurde, spielten Bläser das Lied in Osnabrück auf dem Moritzturm, die Bevölkerung sang mit. Bach verwendete es in seiner glanzvollen Motette „Singet dem Herrn ein neues Lied" BWV 225 und in der Kantate „Jauchzet Gott in allen Landen" BWV 51. Seit dem 19. Jh. hat das Lied in den Gesangbüchern einen festen Platz. Ludwig Hofacker, Albert Knapp und andere starben mit Gramanns Lied auf den Lippen.[17]

Die weit ausgreifende zwölfzeilige, kreuzgereimte Strophe wurde zum Vorbild für Lob- und Danklieder im 16. und vor allem im 17. Jh.[18] Es dürfte Gramann gewesen sein, der der bekannten achtzeiligen Strophenform mit der Bezeichnung „Hildebrandston"[19] noch einen Vierzeiler vorausgeschickt,[20] also zwei Strophenformen zu einer neuen zusammenfügt und damit eine große äußere Form kreiert hat, die dem innerlich ebenso großen und Horizonte öffnenden Inhalt des 103. Psalms entspricht. Dem vierzeiligen Aufgesang folgt ein ausgedehnter achtzeiliger Abgesang.

Der biblische Psalm, den das Lied nachbuchstabiert, beginnt V. 1–5 als persönliches Danklied des Einzelnen mit einer doppelten Selbstermunterung[21]: *Lobe den Herrn, meine Seele, und was in mir ist, seinen heiligen Namen.* Er geht V. 6–19 über in einen kollektiven hymnischen Lobpreis der Heilstaten Gottes an Israel, die über das Erleben des Einzelnen hinausgehen.[22] Sehr konkret wird der Psalm dabei aber nicht, Mose ist der einzige Name aus der Heilsgeschichte

[14] Vgl. HEKG Sb, 292; vgl. Koch VIII, 316.

[15] Nach: Erleutertes Preußen, 1724, II, 76f. 440f. 665.

[16] „Eyn korte Ordnung des Kerckendenstes samt twen Vörreden ... 1548, Lübeck dörch Jürgen Richolff 1549"; vgl. Koch I, 359; Nelle, 12.

[17] Weitere Geschichten s. Koch, VIII, 317–320.

[18] Im EG bei Rists *Man lobt dich in der Stille* (Nr. 323). Paul Gerhardts noch im EKG (Nr. 392) enthaltenes Lied *Gott Lob, nun ist erschollen* wurde mit dieser Melodie gesungen.

[19] Frank 8.7, ab ... *hat dir dein Sünd vergeben.*

[20] Frank 4.27.

[21] Vgl. Ps 42,6; 104,1; 146,1.

[22] Vgl. Hans-Joachim Kraus, Psalmen. 2. Teilbd. Psalmen 60–150, BKAT XV/2, Neukirchen-Vluyn [6]1989, 874.

Israels, der genannt wird, alles andere bleibt offen. Auf diese Weise können viele Einzelne, die in den Psalm einstimmen, sich mit ihrer individuellen Erfahrung darin unterbringen. So kommt es zu einer Erfahrung mit der Erfahrung.[23] In V. 20–22 übernimmt das Ich den doxologischen Abgesang, in dem sich ältere Kulttraditionen mit Gott als Himmelskönig widerspiegeln, der von Mächten (*Helden*) umgeben ist.[24] Insgesamt dürfte es sich bei Psalm 103 um ein Danklied des Einzelnen vor der Gemeinde handeln,[25] vielleicht ein Lied nach der Krankheit,[26] aber auch ein Rechtsstreit könnte im Hintergrund stehen. Gott hat jedenfalls einen Menschen aus der Sphäre des Todes in die des Lebens zurückgebracht. Der Dankende tritt im Verlauf des Psalmes aus dem unmittelbaren Kontext seiner Erfahrungen heraus, referiert nicht nur seine Erlebnisse, sondern lehrt und tröstet, indem er größere Zusammenhänge schafft, seine Erfahrung in Beziehung setzt zum schöpferischen und rettenden Handeln Gottes, in dem sich dessen barmherziges Wesen erweist. Das wird in der individuellen Erfahrung konkret, die von Vergänglichkeit gezeichnet ist, vgl. die dichten Formulierungen V. 8–13.

Im Lied nimmt Gramann diesen Zug vom Individuellen ins Allgemeine und wieder zurück genau auf. Das Lied beginnt wie der Psalm als Ich-Lied, der Horizont wird in Strophe 2,1 – 4,10 geweitet zum Hymnus auf die umfassende göttliche Barmherzigkeit, die die Erfahrung des Ich birgt und übersteigt. Mit Str. 4 endet das Lied ursprünglich wieder mit dem Blick auf den Lobgesang des Einzelnen.

Gramanns Übertragung geschieht in fast reformierter Texttreue, an der einen oder anderen Stelle aber mit charakteristischen Nuancen.

Anders als der Psalm beginnt das Lied mit dem Wörtchen *Nun*. Gramann zieht damit die Aussagen des Psalms pointiert in die Gegenwart.[27] In Str. 1 hat einzig *der dich krönet mit Gnade und Barmherzigkeit* aus der biblischen Vorlage keine wörtliche Entsprechung, Str. 1,8 nimmt Gramann aber mit der Formulierung *nimmt dich in seinen Schoß* die Wurzel rächäm / Gebärmutter des hebräischen Begriffs rachamim / Barmherzigkeit auf. Wo wir heute Psalm 103,5a lesen: *der deinen Mund fröhlich macht*, hieß es bei Luther ursprünglich: *Der dich mit Trost erfüllet / das du schön wirst* – daher Gramanns *mit reichem Trost beschüttet*, die Schönheit hat er aber nicht mehr untergebracht. Psalm 103,6 verheißt allen Leidenden kühn, dass Gott ihnen Recht und Gerechtigkeit verschafft. Gramanns Zusatz *in seinem Reich* ist eine Tautologie, denn wo Gott wem auch immer Recht verschafft, da ist auch sein Reich.

Strophe 2,1 lässt Gramann *Mose* und die *Kinder Israel* aus der Psalmvorlage aus und setzt in einem Akt spiritueller Rollenübernahme stattdessen *uns* ein,

[23] Vgl. z. B. Eberhard Jüngel, Erfahrungen mit der Erfahrung. Unterwegs bemerkt, Stuttgart 2008.

[24] Vgl. Ps 29,1ff; 93; 96–99; 148,1ff.

[25] Kraus, Psalmen, 872.

[26] Vgl. EG 383.

[27] Vgl. *Nun freut euch, lieben Christen, g'mein* (EG 341) u. a.

d. h. die das Lied Singenden, die christliche Kirche. Wenn die Bibel zum eigenen Leben in Beziehung gesetzt werden soll, war dies zu allen Zeiten ein normaler Vorgang, hat aber, wenn Israel durch die christliche Kirche ersetzt wird, im Laufe der Jahrhunderte eine fatal enterbende und damit antijüdische Stoßrichtung bekommen.[28] In 2,7 wird die negative Formulierung aus dem Psalm *vergilt uns nicht nach unsrer Missetat* positiv gewendet in *die Gnad tut er nicht sparen*. In 2,8 erweitert Gramann die Vorlage um die Formulierung *den Schwachen ist er hold*, im Original: *den Blöden* ... Die Huld, die er *den Blöden* gewährt als den Schwachen, die sich Gott aus eigener Kraft nicht zuwenden können, ist nichts anderes als die Gnade, die den Sünder gerecht macht.[29]

Die dritte Strophe bietet den vier Psalmversen 13–16 Raum, während in den anderen Liedstrophen sechs Psalmverse Platz finden müssen.[30] Hier wird Gramann also ausführlicher. Vater und Kinder entsprechen im Psalm Gott und denen, *die ihn fürchten*. Schon Gramann hat aus dem „Vater" den *Mann* gemacht, er übersetzt *denen, die ihn fürchten* mit *uns Armen*. So nimmt er einen Begriff aus der Armutsbewegung[31] auf und bringt die Singenden dazu, sich mit den Gottesfürchtigen zu identifizieren, die der Psalm nennt. Das *Gemächte* in 3,5 hat nichts mit dem sexuellen Bereich des Körpers zu tun, die Luthertextrevision von 2017 gibt mit *Gebilde* genau wieder, was gemeint ist. *Ein Mensch ist in seinem Leben wie Gras* hat Gramann 3,7 ursprünglich in die vielumrätselte Sprachgestalt *wir sind nur Staub, gleich wie das graß von rechte* umgeformt,[32] womöglich in der Bedeutung „von Rechtswegen", vgl. Psalm 90,5–7. Sie hat in den Gesangbüchern zu vielerlei Änderungen geführt. Die EG-Formulierung *ein bald verwelkt Geschlechte* steht seit dem 20. Jh. in den maßgeblichen Gesangbüchern. Mit dem *fallend Laub*, das der Wind wegbläst, transformiert Gramann die Wüstenszenerie des Psalms, in der eine Blume im heißen Wüstenwind verdorrt, in die klimatischen Verhältnisse Mitteleuropas. Der Aspekt der Vergänglichkeit jedenfalls muss Gramann besonders wichtig gewesen sein, denn *Sein End, das ist ihm nah* in 3,12 fügt er dem Psalmtext noch hinzu.

Die vierte Strophe ist eine der großen Gnadenstrophen des Gesangbuchs: Die Gnade *steht fest*, die Tonwiederholung auf dieser Stelle macht die Aussage zum Erlebnis. Gramann strafft den Psalm, indem er die Doppelungen des Parallelismus membrorum vereinfacht. In 4,6 kommen wie im Psalm mit neuer Sprechrichtung die *Engel* ins Spiel. Zum ursprünglichen Schluss des Liedes 4,11–12 kehrt Gramann wie der Psalm in das individuelle Lob zurück, das das irdische Singen mit dem der Engel verbindet.

Die gewiss nicht von Gramann stammende fünfte Strophe taucht erstmals auf in einer 1549 in Königsberg gedruckten Predigt zum 103. Psalm des Kö-

[28] Vgl. z. B. EG 248,1; 502,1; 326,5; 331,9 u. ö.

[29] Vgl. Sauer-Geppert, 17.

[30] Str. 1 = Ps 103,1–6; Str. 2 = Ps 103,7–12; Str. 3 = Ps 103,13–16; Str. 4 = Ps 103,17–22.

[31] Mehrere mittelalterliche Erneuerungsbewegungen wie die Waldenser oder die Franziskaner waren getragen vom Armutsideal Jesu, vgl. Mt 10,9; Mk 10,17–31.

[32] Siehe Ameln 1982.

nigsberger Hofpredigers Johann Funcken und wird seitdem mit Gramanns Lied zusammen überliefert. Sie entspringt dem liturgischen Bedürfnis nach Abschluss des Psalms mit dem Gloria Patri. *Amen, wir werden's erlangen* mag sich in der Formulierung entfernt an Luthers Kleinen Katechismus anlehnen: „Amen, Amen, das heißt: Ja, Ja, es soll also geschehen."[33]

Die monumentale Melodie des Königsberger Hoftrompeters und seit 1534 Hofkapellmeisters Hans Kugelmann (ca. 1495–1542) erschien 1540 erstmals in der liturgischen Zwecken dienenden Sammlung „Concentus novi. Trium vocum ..." im 3-, 4-, 5- und 8-stimmigen Satz, wobei letzterer sich kunstvoll als Quintkanon zweier vierstimmiger Chöre darstellt. Die bei Zahn[34] überlieferte Fülle von Varianten lässt im Blick auf die Melodie auf eine breite mündliche Überlieferung schließen.

Die zwölfzeilige Strophe erfordert großen Atem, die Melodie hat etwas Erhabenes. Eine Tonstatistik kann versuchen, die Wirkung zu ergründen: der Grundton *g'* und die Terz *h'* kommen bei insgesamt 86 Tönen 23- bzw. 21-mal vor, die Melodie hat also eine feste Basis, gleich zu Beginn wird der Grundton mit einer Tonwiederholung markiert. Die emotionsgeladene Terz wird stark betont durch Zeilenschlusstöne, im Stollenpaar durch Tonwiederholungen, die den jeweiligen Text besonders eindrücklich machen: *was in mir ist, vergiss es nicht ... – sein herrlich Recht – es mangelt an (Erbarmung nicht) – ob seiner jungen ... – wenn wir ihn kindlich ... – steht fest und bleibt ... – die steht in sei-(ner Furcht bereit) – Gott Vater, Sohn – was er aus Gna-(den uns verheißt).* Der Grundton wird bis *d'* unterschritten, *d, e, fis* kommen sieben- und achtmal vor. Die Spitzentöne hingegen sind sparsam und überlegt im Abgesang platziert. Zunächst verlagert sich das Gewicht der Melodie auf die Unterquint („... Schwachheit *groß*"), um sich dann Schritt für Schritt zum Höhepunkt aufzuschwingen, zunächst auf diatonischem Weg auf die gut eingeführte Terz *h'* („... errett' dein armes *Le*ben"), mit Quartsprung weiter zum c" („... nimmt *dich* in seinen Schoß"), das insgesamt nur fünfmal vorkommt, davon zweimal als Durchgangsnote. Der Spitzenton *d"* schließlich erscheint ein einziges Mal, seine Wirkung liegt in dieser Konzentration. In den fünf Strophen fällt er mit Ausnahme der dritten Strophe auch mit Spitzenaussagen des Textes zusammen: „... mit reichem Trost *beschüttet*"; „... sein Güt ist hoch *erhaben*"; „... der Wind nur drüber*wehet*"; „... dem großen Herrn zu *Ehren*"; „... ihm allezeit *anhangen*". Auch die kleinen Ligaturen im Eingang der Strophe – *Her*ren –, zu Beginn des Abgesangs – ver*ge*ben – und am Schluss der Melodie – in *sei*nem Reich – heben, wenn auch nicht durch alle Strophen, Aussagen hervor.

Der Dreier-Rhythmus, der dem großen Bogen einer Strophe Leichtigkeit verleiht, gemahnt an die Rhythmik der mittelalterlichen Cantionen.[35] Es

[33] BSLK 515, 21.

[34] Z V,8244 und 8245.

[35] Vgl. *Den die Hirten lobeten sehre* EG 29; *Nun singet und seid froh* EG 35; *Wir wollen alle fröhlich sein* EG 100; *Erstanden ist der heilig Christ* EG 105.

schwingt in diesem Dreier überdies das Versprinzip antiker Dichtung nach, die ein Metrum nicht aus der Regelmäßigkeit von Akzenten, sondern aus dem regelmäßigen Wechsel von langen und kurzen Silben gewinnt.

Schon immer fiel die Nähe der Melodie zum Volkslied *Weiß mir ein Blümlein blaue* auf.[36] Von einer Melodievorlage oder einem Kontrafakt zu sprechen, wie es die Angabe im EG nahelegt, geht allerdings nicht an, dazu sind die Abweichungen zu zahlreich. Die Volksliedstrophe ist überdies nur achtzeilig. Der Melodiebeginn hat auch Ähnlichkeit mit der Melodie *O Herre Gott, dein göttlich Wort / ist lang verdunkelt blieben* (EKG 117) nach Erfurter Enchiridion 1527, im EG bei *Allein auf Gottes Wort will ich*, Nr. 195.[37]

Lobpreis kommt aus dem gehörten und als Erleichterung gespürten Wort der Vergebung. Daher rührt der hohe Ton dieses Lobpreis-Prototyps. Das Singen dieses Liedes kann in eine authentische Hochstimmung führen, auch wenn die eigenen Kräfte dazu momentan nicht ausreichen. Die konkreten Anknüpfungspunkte sind weder im Psalm noch im Lied ausdrücklich genannt, sie treten rezeptionsästhetisch hinzu. Diese Offenheit macht das Lied geeignet für Taufen, Abendmahlsfeiern, Hochzeiten, Geburtstage, Jubiläen, aber auch Bestattungen und viele andere Anlässe.

Bernhard Leube

[36] Erk-Böhme II,189f (Nr. 387); vgl. www.liederlexikon.de/lieder/weiss_mir_ein_bluemlein_blaue.

[37] Vgl. Anmerkung zur Melodie Ef16 in DKL III/1.2, Textbd., 226–229.

361 Befiehl du deine Wege

EG 361ö GL2 418(ö) RG 680ö CG 868 EM 371ö

Text

Verfasser Paul Gerhardt **Vorlage** Ps 37,5 **Quelle** *PRAXIS PIETATIS MELICA. Das ist: Vbung der Gottseligkeit* [...] *EDITIO V.* (Johann Crüger), Berlin 1653 (DKL 1653[04]) **Überschrift** *322. Mel. Lobet Gott unsern Herren* **Ausgabe** FT III,435; PPMEDW I/1, Nr. 367, (s. Anm. 1) **Besonderes** Die Anfangsworte jeder Strophe bilden das Akrostichon *Befiehl dem Herren dein' Weg und hoff auf ihn; er wird's wohl machen* (Ps 37,5) **Strophenbau** A7/3a- A6/3b, A7/3a-A6/3b, A7/3c- A6/3d A7/3c- A6/3d Frank 8.7 ‚Hildebrandston' **Abweichungen** 9,8 *So;* 10,4 am *wengsten;* 12,2 *An* * GL2: ohne Strophen 5 bis 11 **Verbindung TM** in der Q ohne N, die Überschrift verweist auf die in der Quelle S. 462 gedruckte Melodie (sie entspricht mit einigen Abweichungen der Gesius-Melodie (s. u. Melodie/Vorlage) * eigene Melodien: Johann Georg Ebeling (DKL 1666[03/04]; Z III,5460; Faks. Rödding [2]1984,54f) und 13 weitere Z III,5459-5469,5522,5533 (1659-1876) * weitere Melodien: Z III,5385a (Hans Leo Hassler 1601: *Mein Gemüt ist mir verwirret/ Herzlich tut mich verlangen/ O Haupt voll Blut und Wunden/ Ach, Herr, mich armen Sünder*; EG 85; auch im DEKG 1854 mit *Befiehl du deine Wege*; bei Telemann 1730 Nr. 134, s. u. Melodie/Quelle geradtaktig); Z III,5387 (Gotha 1648; *Herzlich tut mich verlangen*); Z III,5422 (Crüger 1640; *Dank sei Gott in der Höhe*); Z III,5423 (Caspar Cramer 1641; *Der Herr hat mich verlassen*); Z III,5427 (Bartholomäus Helder vor 1635/ Gotha 1648; *Ich freu mich in dem Herren* EG 349; EM 288)

Melodie

Incipit 1 3b23b4 5_5 **Verfasser** (Bartholomäus Gesius; s. Vorlage) **Vorlage** Melodie im Dreiertakt zu *Lobet Gott, unsern Herren* in: *ENCHIRIDIVM. Etlicher Deutschen vnd Lateinischen Gesengen* (Bartholomäus Gesius), Frankfurt/Oder 1603 (DKL 1603[14]/ DKL I/2, S. 185) **Quelle** *Fast allgemeines Evangelisch=Musicalisches Lieder=Buch* (Georg Philipp Telemann), Hamburg 1730 (DKL 1730[11]; Nr. 246) **Ausgaben** (Gesius: Z III,5393; DKL III/4 A1086) **Ambitus** G: 8; Z: 54b(54b)4445 **Abweichungen** Ton höher; mit bc; Taktverschiebung um zwei Viertelnoten; vor Note 1: Viertelpause; Z. 1: Note 2 *d'*; Z. 1/3 + 5 + 7: je Note 6 Viertel, Note 7 mit Fermate, danach Taktende, neuer Takt beginnt mit Viertelpause; Schlussnote: mit Fermate * GL2: Taktvorgabe ¢ * RG, CG, EM: mit ♭-Vorzeichnung und jeweiliger Auflösung zu h * RG, EM: mit 4st. S **Verbindung MT** Q: wie EG (nur Textanfang; im Register wird auch von *Befiehl nur deine Wege dem* auf die Melodie verwiesen) * *Das Jahr geht still zu Ende* (EG 63; EM 107) * *Gib Frieden, Herr, gib Frieden* (EG 430; CG 907) * *Valet will ich dir geben* (523) * *O Haupt voll Blut und Wunden* (EG 85)

Literatur

HEKG (Nr. 294) I/2,445f; III/2,285-288; Sb 458-460; HEG II,110-112.113-115 ** ThustB, 315f; ThustL II, 181-186 ** Brupacher (1953) 297-299; DKL III (1993-

2010)/4, 168; MöllerQ (2000) 212f PPMEDW[1] ** SCHÖNBORN, Hans-Bernhard: Lieder Paul Gerhardts in den heute gebräuchlichen Gesangbüchern, JLH 24 (**1980**) 113–123 * STEIGER, Lothar: Befiehl du deine Wege. Liedmeditation, Göttinger Predigtmeditationen 37 (**1982**) 129–136 * RÖDDING, Gerhard: Paul Gerhardt, Gütersloh **²1984** * BUNNERS **2006**, bes. 110–112.220–223.228f. 236–238.266f.280f * SAUER-GEPPERT **1984**, 61f * SCHNEIDER/ VICKTOR **1993/ ²1996**, 35–37 * LÄHNEMANN, Johannes: Liedpredigten. Mit Kunstwerken von Rika Unger, Nürnberg **1996**, 11–19 * KADELBACH, Ada: Das Akrostichon im Kirchenlied. Typologie und Deutungsansätze, JLH 36 (**1996/97**) 175–207 * AXMACHER, Elke: Paul Gerhardt: Befiehl du deine Wege. Theologische und literarische Interpretation des Textes, JLH 38 (**1999**) 191–226 * FRANK, Jürgen: Befiehl du deine Wege, in: Bengt Seeberg (Hg.), Singen und Sagen. Eine Sammlung von Predigten [...] über Lieder des Evangelischen Gesangbuches, Kassel **2000**, 186–191 * AXMACHER, Elke: Ein Lied von der göttlichen Providenz. Befiehl du deine Wege, in: Dies.: Johann Arndt und Paul Gerhardt, Tübingen/Basel **2001**, 103–142 * DEICHGRÄBER, Reinhard: Nichts nimmt mir meinen Mut. Paul Gerhardt als Meister christlicher Lebenskunst, Göttingen **2006**, 96–101 * GEIGER, Erika: Dem Herren musst du trauen. Paul Gerhardt 1607–1676, Holzgerlingen **2006**, bes. 109–115 * MUNTANJOHL, Felizitas: Befiel du deine Wege. Liedpredigt zum Ewigkeitssonntag, in: Dies./ Michael Heymel: Auf, auf mein Herz, mit Freuden. Gottesdienste, Gemeindearbeit und Seelsorge mit Liedern von Paul Gerhardt, Gütersloh **2006**, 168–171 * RÖDDING, Gerhard: Warum sollt ich mich denn grämen. Paul Gerhardt. Leben und Dichten in dunkler Zeit, Neukirchen-Vluyn **2006**, 115–122 * FELDTKELLER, Elisabeth: Lieder Paul Gerhardts im geistlichen Tanz, in: Wilfried Böttler (Hg.): Paul Gerhardt in Kirche, Kultur und Lebensalltag. Beispiele für die Praxis, Berlin **2007**, 43–61 (bes. 59) * FINKE, Christian: Paul Gerhardt vertont. Eine unvollständige Übersicht über mehrstimmige Fassungen und Kanons seiner Lieder, in: Wilfried Böttler (Hg.): Paul Gerhardt in Kirche, Kultur und Lebensalltag. Beispiele für die Praxis, Berlin **2007**, 157–171 (bes. 159f) * KORNEMANN, Helmut: Gottesdienstgestaltung mit Liedern Paul Gerhardts, in: Wilfried Böttler (Hg.): Paul Gerhardt in Kirche, Kultur und Lebensalltag. Beispiele für die Praxis, Berlin **2007**, 81–91 * WISSEMANN-GARBE, Daniela: Melodien des frühen 17. Jahrhunderts und ihr Weiterleben in den Gesangbüchern von heute, in: Wolfgang Hirschmann/ Hans-Otto Korth: Bilanz und Perspektiven einer Edition. Bericht über die internationale Tagung in Mainz, November 2008, Kassel **2010**, 186–202, bes. 199 * SCHNEIDER, Matthias: Befiehl du deine Wege, EG 361, in: Arnold/ Bresgott **2011**, 263–266 * WKERNLIEDER **2011**, 122–122 * MARTI, Andreas: Befiehl du deine Wege, MGD 67 (**2013**) 257–260

In der Schöpfungslehre seiner „Dogmatik des christlichen Glaubens“ schreibt Gerhard Ebeling unter der Überschrift „Grundsätzliches zur Vorsehung Gottes“: „Besser ... als aus dogmatischen Schemata erfasst man den Glaubenssinn der Lehre von der göttlichen Providenz aus Liedern des Gesangbuchs wie etwa Paul Gerhardts ‚Befiehl du deine Wege‘. Diese gedichtete Theologie bringt deutlicher als unsere begriffliche Reflexion zum Ausdruck, worauf es ankommt:

[1] Hans-Otto Korth/Wolfgang Miersemann (Hg.), Johann Crüger. Praxis Pietatis Melica. Edition und Dokumentation der Werkgeschichte [PPMEDW] Bd. I, Teil 1: Praxis Pietatis Melica Editio X. Berlin 1661. Text, Halle/Saale 2014, Bd. 1, Teil 2: Apparat, Halle/Saale 2015.

'Dein ewge Treu und Gnade, o Vater, weiß und sieht, was gut sei oder schade dem sterblichen Geblüt. Und was du denn erlesen, das treibst du, starker Held, und bringst zum Stand und Wesen, was deinem Rat gefällt'."[2]

Befiehl du deine Wege wird hier zunächst (1) als „gedichtete Theologie" betrachtet, dann (2) als theologische Dichtung.

(1) Theologisch gesehen ist das Lied nicht nur in einzelnen Strophen, sondern als ganzes nach Inhalt und Aufbau und oft sogar in seiner Sprache eine poetische Gestaltung der lutherischen Lehre von der göttlichen Vorsehung. Man kann den Nutzen einer historisch-theologischen Interpretation nur erkennen, wenn man sich darauf einlässt. Im Blick auf Gerhardts Dichtung gilt: Gedichtete Theologie ist mehr als dogmatische Theologie, aber sie ist nicht ohne dogmatische Theologie. Über das „Mehr" aber kann nur sachgemäß geurteilt werden, wenn diese Theologie bekannt ist.

Paul Gerhardt hat vielen theologischen Lehren in seinen Liedern dichterische Gestalt gegeben, keiner aber wohl so häufig und so vielfältig wie dem Artikel „Von der göttlichen Vorsehung" („De providentia Dei"). Dieser Artikel hatte die Aufgabe, die Beziehung Gottes zu seiner Schöpfung als eine unendlich gütige und uneingeschränkt herrscherliche zu bestimmen. Die Vorsehung geschieht in ewiger Präsenz als Bewahrung (conservatio) und Lenkung, Regierung (gubernatio) und schließt alle Dinge ein, betrifft aber vor allem die Menschen und hier wieder besonders die Gläubigen. Gemeinsam ist allen Wesen die völlige Abhängigkeit von dieser Präsenz, die jedem Geschöpf das gibt, was es braucht. Providenz ist für- oder vorsorgendes Bestimmen des Geschicks, das Gott für jedes Ding, jeden Menschen vor-gesehen hat. Von Gott als dem Herrn der Schöpfung muss man sagen, dass er 1. alles weiß, weil er alles Geschehen in ewiger Gegenwart sieht, dass 2. alles, was geschieht, nach seinem Rat(-Schluss) und Willen geschieht, und dass er 3. das Gewusste und Gewollte auch auszuführen die Macht hat. Diese Ausführung seiner Beschlüsse gegen alle Widerstände und Widersacher ist die Vorsehung im engeren Sinne. Es gibt keinen Zufall, nichts, was Gottes Vorsatz und Fürsorge entgleiten könnte. Wissen, Wollen und Ausführen (Tun) sind die drei Akte Gottes, die in der Providenz zusammenwirken. Fragt man weiter, wie Gott seine Geschöpfe lenkt und regiert, so ist die Antwort: Er bedient sich dabei des Mittels ihrer natürlichen, anerschaffenen Kräfte. Weil das in cooperatio (Mitarbeit) und concursus (Zusammenwirken) mit dem Menschen geschieht, ist durch Gottes Regierung die Freiheit des menschlichen Willens nicht aufgehoben. Aber Gott ist nicht an diese Mittel gebunden, er kann auch ohne sie wirken, bleibt auch ihnen gegenüber frei. Wunder sind damit denkbar. Schließlich setzt die Dogmatik Gottes Fürsorge auch noch in Beziehung zur Lebenszeit des Menschen: Sie umfasst seinen Anfang (ingressus), seinen Fortgang (progressus) und seinen Ausgang (egressus). Niemals ist der Mensch ohne Gottes Leitung.

Aus dieser Auffassung von Gottes bewahrendem und lenkendem Wirken ergeben sich neue Fragen, von denen wenigstens eine hier erwähnt werden muss.

[2] Gerhard Ebeling, Dogmatik des christlichen Glaubens I, Tübingen 1979, 328.

Wenn Gott alles bestimmt und lenkt, ist er dann nicht auch verantwortlich für alle Übel und alles Böse? Kurz gefasst lautet die Antwort: Gott verhält sich anders zum guten Tun des Menschen als zum bösen: Das Gute will und befördert er, das Böse will er nicht, verhindert es, straft es oder – wenn er es denn zulässt – lenkt es so, dass es endlich doch seinem Zweck dienen muss und also zu einem guten Ende kommt. Für das Böse verantwortlich ist der Mensch selbst, der die böse Handlung begeht, auch wenn Gott dem böse Handelnden die natürliche Kraft gibt und erhält, die ihn zu seinem Tun befähigt. Auf jeden Fall behält Gott auch dem Bösen gegenüber die Oberhand. Das Zulassen, Begrenzen, Strafen und Ausrichten der bösen Handlungen sind Weisen seiner Regierung.

Nur gestreift werden kann hier auch die Inanspruchnahme des Naturgeschehens als Beweis für das providentielle Handeln Gottes, etwa die bewundernswerte Gleichmäßigkeit der Himmelsbewegungen oder die regelmäßige Abfolge der Jahreszeiten. Da Gottes Bewahren und Regieren allen Dingen gilt, ist eine Autonomie der Welt, wie sie von der beginnenden Aufklärung behauptet und gefordert wurde, unmöglich. Die Vorsehungslehre hatte im Streit mit den Naturwissenschaften also durchaus auch eine weltanschauliche Komponente.

Die Definition „De providentia" in der Dogmatik des bedeutenden lutherisch-orthodoxen Theologen Johann Gerhard (1582–1637) kann das bisher Ausgeführte zusammenfassen und für das Weitere einen Anhaltspunkt bieten.

> Die göttliche Vorsehung ist dasjenige Handeln, durch das Gott nicht nur alles sieht, sondern auch gemäß dem Rat seines Willens alle von ihm geschaffenen Dinge und jedes einzelne bewahrt (conservat) und sie frei, mächtig, weise und gut regiert (gubernat), gewöhnlich, indem er den festgesetzten Gang der Natur bewahrt, außergewöhnlich aber ohne oder gegen die natürlichen Mittel handelnd; vor allem das Leben und die Handlungen der Menschen regiert: die guten, indem er rät, hilft, bestätigt, die bösen, indem er zulässt, Grenzen setzt und Gutes aus ihnen hervorbringt.[3]

(2) Um *Befiehl du deine Wege* als theologische Dichtung zu verstehen, muss man auf die dem Text eingeschriebenen poetischen Elemente achten, vom Aufbau des Liedes über die metrische und rhythmische Gestaltung bis zu seinen Bildern und grammatischen Signalen. Das kann hier nur in Ansätzen geschehen, die aber genügen, um das bekannte Trost- und Vertrauenslied als Hymnus von der göttlichen Vorsehung zu erkennen.[4]

Einen sinnvollen Ausgangspunkt für die Analyse bietet die kunstvolle Bauform des Liedes. Es ist ein Spruch-Akrostichon: Die ersten Worte aller zwölf Strophen, hintereinander gelesen, ergeben den Vers Psalm 37,5: *Befiehl dem Herrn deine Wege und hoffe auf ihn, er wird's wohl machen.*[5] Das Lied ist die Auslegung des

[3] Johann Gerhard, Loci theologici, Tom. Sec., loc. Sext., p. 47 (Ed. Preuß, Berlin 1863). Ganz ähnlich die Definition Leonhard Hutters im Compendium locorum theologicorum (1610), hg. von Wolfgang Trillhaas, Berlin 1961, Locus septimus de providentia Dei. Eine vom Autor selbst besorgte deutsche Übersetzung erscheint 1612. Art. 7, die Definition: „Von der Fürsichtigkeit oder Vorsorge Gottes", zit. bei Axmacher 2001, 141.

[4] S. dazu ausführlich Axmacher (wie Anm. 2), 103–142.

[5] Eine kleine Irregularität besteht darin, dass der Vers 13 Wörter, das Lied aber nur 12 Strophen

Psalmverses, dessen Sinn damit ebenfalls von der Vorsehungslehre bestimmt wird – in welcher Weise, das wird nach der Liedinterpretation noch zu fragen sein.

Beim Versuch einer Gliederung der zwölf Strophen zeigt sich, dass sich die Strophen 3–5 deutlich von ihrem Umfeld abheben. Auffällig ist der Wechsel der Redeform in den Strophen 3 und 4 von der Anrede an den Menschen (Str. 1–2.6–11) zur Anrede Gottes, also zum Gebet, einem Gebet allerdings, das nicht ein Anliegen des Menschen vor Gott bringt, sondern das Gott auch als einzigen Inhalt hat, das also zu Gott von Gott spricht. (Einziger Stropheninhalt ist Gott auch in Str. 5, die Gott in der dritten Person nennt.) Der feierliche Stil dieser Rede erscheint passend für die Erkenntnis, die hier ruhig und gesammelt dargelegt wird. Str. 3:

Dein ewge Treu und Gnade,	*1. praescientia, praevisio, praecognitio*
o Vater, *weiß* und *sieht,*	*WISSEN*
was gut sei oder schade	
dem sterblichen Geblüt;	
und was du dann *erlesen,*	*2. voluntas, cura prospiciendi WOLLEN*
das treibst du, starker Held,	*3. actio ipsa, qua res reguntur; potestas*
und *bringst zum Stand und Wesen,*	*HANDELN, TUN*
was deinem Rat gefällt.	*(2. consilium = decretum; RATSCHLUSS,*
	WILLE)

Es ist jetzt leicht erkennbar, dass in dieser Strophe die erste oben herausgestellte Bestimmung der Vorsehung mit den drei Akten Wissen – Wollen – Tun in poetischer Sprache wiedergegeben wird, teilweise sogar in der dogmatischen Terminologie (*weiß, sieht, Rat*), sonst in ähnlichen Begriffen, die darauf abzielen, den Sachverhalt zuzuspitzen, ihn erfahrungsnäher zu gestalten (z. B. *treibst* für das Handeln, und *bringst zum Stand und Wesen* für den Erfolg dieses Tuns). Inhaltlich bleibt das Tun Gottes dabei unbestimmt (*was gut sei oder schade* ...; *was du dann erlesen* ...; *was deinem Rat gefällt*). Entscheidend für das Gutsein ist, dass der *Vater* es *weiß und sieht,* dass er es wählt und dass der *starke Held* es *zum Stand und Wesen* bringt. Die Rückwendung der Strophe zum göttlichen Willen (du tust, *was deinem Rat gefällt*) betont, dass in Gottes Willen das für Menschen Gute (V. 3) liegt. Und dieser ist gleichbedeutend mit seiner *ewgen Treu und Gnade.*

Die beiden Folgestrophen gehören noch in den Zusammenhang der grundsätzlichen thematischen Aussagen. Wie die Dogmatiker, so beglaubigt auch Gerhardt die Behauptung der Fürsorge Gottes mit seiner Fähigkeit, zu tun, was er will, und – dies durch Verneinung des Gegenteils bekräftigend – durch die Unfähigkeit jedes anderen, ihn daran zu hindern. Dieses rhetorische Konzept steht hinter den drei Strophen und verbindet sie zu einem Liedteil.[6]

hat. Die 2. Strophe übernimmt zwei Wörter (*dem Herren*) – warum? Die Vermutung liegt nahe, dass die Zwölf zahlensymbolisch bedeutsam ist. Die Prüfung dieser Möglichkeit würde zu weit führen.

[6] In Hutters Definition der providentia im Compendium werden die Mächte genannt, gegen die sich Gottes Wille und Tun endlich durchsetzen: der Wille des Teufels und der Gottlosen. Ihr Tun muss letztlich der Ehre Gottes und dem Heil der Erwählten dienen (L. Hutter, Compendium, 26).

Die 4. Strophe, die der Erläuterung, Begründung und Bekräftigung der thetischen Strophe 3 dient, überrascht mit der Lösung dieser Aufgabe: Anstatt zu argumentieren, reiht sie in kurzen, einzeiligen Hauptsätzen Aussagen über Gottes Wesen und Handeln aneinander. Nimmt man die beiden ersten Verse hinzu, die ähnlich gebaut sind (*Weg hast du allerwegen / an Mitteln fehlt dir's nicht*), so sind es in sechs Zeilen sechs Beispiele für die Wirkungen der Macht dieses Gottes, die nur genannt werden müssen, um zu überzeugen: *dein Tun*, *dein Gang*, *dein Werk*, *dein Arbeit.* Mehr braucht es nicht, um Gottes wegebahnende Fürsorge zu beglaubigen.

Dennoch: dass Gott die Menschen „frei, mächtig, weise und gut" regiert (s. o. die Definition Joh. Gerhards), ist so lange dem Zweifel ausgesetzt, als der Blick auf die Welt das Böse mächtig erscheinen lässt. Gerhardt gibt die Antwort der Providenzlehre mit den Mitteln der Poesie in der 5. Strophe. Er tut das, wie in den beiden Strophen zuvor, indem er den Blick nicht auf die Welt, sondern auf Gott und das himmlische Geschehen richtet, und da steht fest: Gott wird *nicht zurücke gehn.* Gerhardt unterstreicht den Machtverlust des Teufels, sogar *aller Teufel*, wiederum durch die Grammatik: Die teuflische Macht, die sich Gottes Ziel entgegensetzt, kann sich noch nicht einmal recht entfalten. Nur im adversativen Nebensatz (*Ob gleich* alle Teufel) und im Irrealis (hier *wollten* widerstehn) kommt sie zur Sprache. Der Hauptsatz stellt die Machtverhältnisse klar: *Alle Teufel* vermögen Gott nicht zu hindern, *Zweck und Ziel* seines Handelns zu erreichen. Auch dieser Gedanke ist in der Skizze der Providenzlehre unter der Fragestellung, wie denn Gott mit dem Bösen umgehe, schon erwähnt: nämlich es zulassend, begrenzend, strafend, am Ende aber so, dass er Gutes daraus macht. Allerdings: Statt dieser einzelnen Handlungsweisen nennt Gerhardt deren gemeinsamen Sinn, und das ist, wie in den beiden vorigen Strophen, die Durchsetzung des heilvollen Gotteswillens. Hieß das in Str. 3: *und bringst zum Stand und Wesen,/ was deinem Rat gefällt* (V. 7.8); in Str. 4: *wenn du, was deinen Kindern / ersprießlich ist, willst tun* (V. 7.8), so klingt es jetzt ganz allgemein: *was er sich vorgenommen / und was er haben will,/ das wird doch endlich kommen / zu seinem Zweck und Ziel* (Str. 5,5–8).

Diese drei „Gottesstrophen" bilden das theologische Zentrum des Liedes. Ihre konzentrierte, feierliche Wiedergabe wesentlicher Aspekte der Vorsehungslehre, wie sie gleichsam rein in Gottes Geist, in seiner „himmlischen" Perspektive aussieht, hat zur Folge, dass das Gottesverständnis in allen anderen Strophen damit verglichen und daran gemessen wird. Die Botschaft von der bewahrenden, kooperierenden und regierenden Fürsorge und Treue Gottes trifft auf Menschen, die von Kummer des Herzens, Traurigkeit, Schmerz und Sorgen beherrscht werden. Die Lehre von der Vorsehung in ihrer „himmlischen" Gestalt soll und muss sich dem Leiden gewachsen und überlegen erweisen, wenn die Gefahr, die im Hintergrund lauert, gebannt werden soll: das Theodizeeproblem – der Zweifel an Gottes Gerechtigkeit angesichts des Leidens in der Welt. Paul Gerhardt hat mit den drei Strophen die Position bestimmt, die diesem Zweifel standhalten soll. Er hält sie für so stark, dass er die Äußerungen zur göttlichen Fürsorge immer wieder mit dem Leiden des Menschen konfrontiert, offenbar in der Überzeugung, dass sie eine Lehre (auch) für Leidende ist.

Die bisher noch nicht betrachteten Strophen bilden mit einer Ausnahme ebenfalls kleine Gruppen, das sind Sinneinheiten oder Aspekte des Themas, formuliert von einem Sprecher oder Sänger, der nie als lyrisches Ich hervortritt, aber deutlich die Position der Lehre wahrnimmt.

Hier nun zunächst ein gliedernder Überblick (Teile und Strophen):

I, 1–2	Situation des *gekränkten Herzens* zwischen Selbstsorge und Gottes treuer Pflege; Mahnung zum Gottvertrauen mit Argumenten aus der Providenzlehre
II, 3–5	Der Gott der Providenz: ewige Treue, Wegebahnung, Macht.
III, 6–8	Mahnung, sich den Nutzen (usus) der Providenzlehre anzueignen: zu hoffen, nicht zu sorgen, Gott walten zu lassen
9–10	Anfechtung wegen Verzögerung der Hilfe Gottes und Zuspruch aus dem Providenz-Glauben
IV, 11	Das *Kind der Treue* im ewigen Leben: Erinnerung an das Leid als im freudigen Gotteslob aufgehobenes
V, 12 (wie I)	Wiederaufnahme von Motiven der ersten Strophen (Pflege, Wege, Treue), Überführung ins Gebet. Dort Mahnung – hier vertrauensvolle Bitte

Str. 1–2: Die 1. Strophe nimmt zunächst fast wörtlich den Psalmvers auf, den das ganze Lied auszulegen hat, die Aufforderung an den Menschen, seine (Lebens-)Wege der *allertreusten Pflege* dessen, der *den Himmel lenkt*, zu befehlen, d. h. anzuvertrauen. Aber schon nach einer Zeile wird die Rede durch einen Einschub unterbrochen, der dem ganzen Lied dann eine unerwartete Richtung gibt: (*deine Wege*) *und was dein Herze kränkt.* Es wird ein Lied über und für innerlich kranke, leidende Herzen. Das bestätigt eine höchst affektive Anrede in der 6. Strophe, am Beginn des zweiten der menschlichen Situation gewidmeten Liedteils: *o du arme Seele* (Str. 6,1).

Die arme Seele, die allertreuste Pflege und die Macht, die den Himmel lenkt: Das ist die Konstellation, die den beiden ersten Strophen zufolge für das Walten der Vorsehung gegeben ist. Es geht um die Entscheidung darüber, ob der gekränkte Mensch, bewahrt und geleitet von dem, der *den Himmel lenkt*, Vertrauen gewinnt zu ihm, der auch seine Wege zu finden verspricht[7], oder ob er, in angemaßter Selbstsorge mit *Grämen* und *selbsteigner Pein* sein Werk als sein eigenes besorgen zu müssen meint. Mit dem kosmologischen Argument der Himmelslenkung hat die Providenzlehre Gottes Macht über die Natur bewiesen. Gerhardt ist an den naturwissenschaftlichen oder weltanschaulichen Implika-

[7] Unter den biblischen Belegen für die Lenkung findet sich ein Wort aus der Weisheitsliteratur, dessen Bildlichkeit auf die 1. Liedstrophe eingewirkt hat: *Aber deine Vorsehung, Vater, steuert es hindurch; denn du gibst auch im Meer Wege und mitten in den Wellen sichere Fahrt* (Weish 14,3).

tionen dieser Lehre überhaupt nicht interessiert. Er verwendet das Argument als eine rhetorische Figur der Überbietung, die einen machtvollen Erweis der Verlässlichkeit seiner Pflege und seiner Wegebahnung bedeutet. Die Forderung, diesem Gott zu vertrauen, ist damit als begründet erkannt, und solches Vertrauen ist die Voraussetzung für den zweiten Liedteil mit den „Gottesstrophen", dem Gottesbild der Vorsehungslehre (siehe oben).

Str. 6–8.9–10: Diese fünf Strophen gehören zusammen, weil sie alle vom „Nutzen" der Providenzlehre für das gekränkte Herz handeln; sie unterscheiden sich aber voneinander durch die Weise, wie sie davon handeln. In den Strophen 6–8, die im Wesentlichen dem gleichen Bauplan folgen, werden drei seelische Zustände oder Einstellungen genannt, die der Mensch verwirklichen soll, deren Dringlichkeit der Sprecher jeweils mit der Wiederholung des ersten Wortes jeder Strophe anzeigt.

Hoff, o du arme Seele,/ *hoff* ... (6)
Auf, auf, gib deinem Schmerze / ... gute Nacht (7)
Ihn, ihn lass tun und walten (8)

Man kann zwischen den drei Strophen einen inneren Zusammenhang erkennen, der auf eine starke Betonung der göttlichen Hilfe hinausläuft: Hoffe fest auf Hilfe von dem Gott, der dich aus der „Kummerhöhle" befreien wird. Lass darum alle Sorgen ruhen, er ist der Regierer (Abwehr dessen, was der Hoffnung schadet). Wenn du ihn walten lässt, wie es ihm zukommt, gelangt dein Werk – oder vielmehr nun das Seine – zu einem guten Ende.

Diese Appelle sind von den „Gottesstrophen" hergeleitet, denen sie ja unmittelbar folgen. Deren Verheißungen nehmen sie beim Wort: *Dein Tun ist lauter Segen,/ dein Gang ist lauter Licht* (4,3.4).

Die nächsten beiden Strophen (9 und 10) haben keinen Appell-Charakter, sondern gehen argumentativ vor. Sie sind syntaktisch verbunden durch die Zwar-Aber-Struktur und haben die Funktion, den Widerspruch aufzulösen, der zwischen der Verheißung von Gottes Hilfe und der erfahrenen Realität dauerhaften Leidens besteht. Im Gedankengang entsprechen diese beiden Strophen damit der letzten „Gottesstrophe", die den Einwand von der Macht *aller Teufel* entkräften musste. Wie diese Macht dort ins Als-ob der Rede, in den Konjunktiv versetzt worden ist, so auch hier der Anschein, Gott habe den Menschen vergessen. Der wortreich formulierten Klage ist dadurch schon die Kraft genommen. Die Wahrheit über Gott ist in der ersten „Gottesstrophe" (Str. 3) ausgesprochen: *Dein ewge Treu und Gnade, o Vater* ... Unter dieser Voraussetzung steht dann auch die Hilfe, die mit großem Nachdruck zugesagt wird: *Wird's aber sich befinden,/ dass du ihm treu verbleibst,/ so* ... Die Treue wird damit zum Grundwort des Verhältnisses zwischen Gott und Mensch, wie es sich aus der Providenzlehre ergibt. Das wird noch einmal bestätigt aus einer anderen Perspektive in der überraschenden 11. Strophe, die gewissermaßen beide Seiten repräsentiert, die göttliche und die menschliche.

Str. 11: Der Artikel „De providentia" bedarf keines eschatologischen Schlussteils, denn *dort im andern Leben*[8] sind Wissen, Wollen und Tun Gottes ans

Ende gekommen; das Ziel des Weges unter der göttlichen Fürsorge ist erreicht, wenn wir glauben, dass *unsre Wege gewiss zum Himmel ein(gehen)* (Str. 12,8). Aber Gerhardt geht weiter, er vergegenwärtigt in einer Seligpreisung (so wird man das *Wohl dir* zu verstehen haben) das Sein des *Kind(es) der Treue* im ewigen Leben bei dem Gott der *ewgen Treu und Gnade.* Gott stattet ihn aus mit den Insignien der Erlösten, und der Mensch singt *Freudenpsalmen*[9]. Und das Leiden? Es ist vorbei, zweifellos, aber es ist nicht einfach vergessen, ausgelöscht wie nie dagewesen. Es wird erinnert und als erinnertes vergegenwärtigt - nochmals aber: In Freudenpsalmen vergegenwärtigt werden kann es nur als gewendetes, als überwundenes, in seinem Sinn durchschautes und angenommenes, also verwandeltes Leiden. Das aber ist das Leiden in der göttlichen Perspektive, in der es immer schon „gewendet" ist. Diese Perspektive nimmt das *Kind der Treue* ein. Darum ist es ganz konsequent, dass diese Strophe das Präsens statt des eigentlich zu erwartenden Futurs benutzt. Was hier gesagt und getan wird, das steht außerhalb der Zeitordnung, die etwa für das von Gott erhoffte Ende des Leidens das Futur fordert: *Er wird dein Herze lösen* (Str. 10,5 und mehrfach im Lied). Die Erfahrung des Leids in der Ewigkeit ist nicht die Fortsetzung der Welterfahrung mit dem Leiden; vielmehr ist sie der Sprung in ein anderes Tempus, in die ewige Präsenz der göttlichen Treue, in der alles Leiden immer schon aufgehoben ist. Für das *Kind der Treue* hat das Verbleiben in der eigenen und in der göttlichen Treue unbedingte Bedeutung, während in der Hoffnung auf Gottes Hilfe zur Beendigung des Leids immer ein Moment von Relativität mitschwingt: wenn Gott hilft ... Wer dem Leiden ein „Mitspracherecht" bei der Entscheidung für oder gegen die Treue einräumt, verbleibt schon nicht mehr in ihr. Es sind zwei verschiedene, letztlich unvereinbare Sichtweisen, die aber als solche zumeist nicht wahrgenommen, sondern als einander ergänzende verstanden werden, auch in der theologischen Lehre. So heißt es in Johann Gerhards Dogmatik zum Nutzen des Artikels von der Providenz, wir erreichten ihn erst dann wirklich, wenn wir Gott

> mit festem Vertrauen des Herzens anhängen und unsere misstrauische Sorge um das Künftige abschütteln; wenn wir in allen Widrigkeiten ... auf Gott schauen, in der Gewissheit, dass kein Haar von unserem Haupt gefallen ist oder fällt ohne seinen Willen, und wir daher Befreiung oder Linderung der Widrigkeiten von ihm erhoffen, selbst wenn alle Umstände uns entgegenzustehen scheinen; wenn wir ... unsere Seelen in Geduld fassen, nicht übermütig werden im Glück und im Unglück nicht verzweifeln; wenn wir uns schließlich in keinem Übel und in keiner Gefahr von diesem besten, weisesten und mächtigsten Lenker trennen lassen, sondern unerschütterlich glauben, dass durch seinen wunderbaren Rat uns alle Dinge zum besten dienen müssen.[10]

[8] P. Gerhardt, *Fröhlich soll mein Herze springen*, Str. 15,8 (EG 13).

[9] Neben der biblischen *Ehrenkrone* (Offb 2,10; vgl. Ps 8,6) wird die Palme als Symbol genannt, die nicht nur hier von Gerhardt als Wortspiel in gedankliche Beziehung zu den Psalmen gebracht wird. Vgl. *Wie soll ich dich empfangen*, Str. 2 (EG 11).

[10] Joh. Gerhard, zit. nach Axmacher 2001, 140.

Das (relative) Vertrauen durch Hoffnung auf „Befreiung oder Linderung der Widrigkeiten" geht über in den (absoluten) „unerschütterlichen Glauben, dass ... uns alle Dinge zum besten dienen müssen." Dabei soll die Hoffnung auf ein Ende des Leidens fast bis zur Aussichtslosigkeit festgehalten werden können, ohne dass sie doch das unbedingte Vertrauen erreicht. Wenn kein Übel und keine Gefahr uns von Gott trennen dürfen, dann gewinnt der göttliche Ratschluss unbedingte Geltung. Das bedeutet: Ob man nach dem Nutzen der Vorsehungslehre, der Macht des Schöpfergottes oder der Verlässlichkeit seiner Pflege fragt – all das muss schon vorausgesetzt werden. Ihm „treu verbleiben", auf Gott (und nicht nur auf seine Hilfe) hoffen, ihm die Lebenswege anvertrauen und das Leid in Gottes Perspektive sehen kann nur, wer – bewusst oder unbewusst – der Absolutheit des Gotteswillens absolut gewiss ist. Das wiederum verlangt eine Distanz zur Welt und zu sich selbst, die Gerhardt nicht zufällig dem ewigen Leben zuordnet.

Ist es denkbar, dass Paul Gerhardt zwar nicht die Aufklärung und die in ihr erörterte Theodizeefrage vorausgeahnt hat, aber doch in seiner Sensibilität für das menschliche Leiden die Frage nach Gottes Verhältnis dazu nicht mehr allein mit den üblichen Argumenten beantworten konnte?[11] Wenn weder die Schrift noch die menschliche Erfahrung das Leiden hinreichend verständlich machen können, dann kann man den Glauben an Gottes ewige Treue und Gnade nur bewahren (also ihm *treu verbleiben*), wenn man sich vorbehaltlos auf seine Seite stellt und die göttliche Sicht auf die Welt zu gewinnen versucht, um nur noch ein *Kind der Treue* zu sein. Die 11. Strophe hätte dann den Sinn, das sich radikalisierende Verständnis des menschlichen Leidens durch die Personalisierung des Gottesverhältnisses (*Kind der Treue*, *Vater*, Str. 3,2) gleichsam zu überbieten. Und dazu diente ihm die Vorsehungslehre mit ihrem Gottesbild, in dem Macht und Treue vereint sind.

Str. 12: Die Rückkehr der letzten Strophe auf die Ebene des noch unerlösten Lebens, in dem um das Ende der Not gebetet werden muss (siehe Str. 2), könnte nach dem Tiefsinn der 11. Strophe als dichterischer und geistlicher Rückschritt verstanden werden. Aber für Gerhardt gehört dieser Schritt zurück mit zu dem Weg, den der Mensch gehen muss, um sich der Pflege Gottes bis zum Tod anzuvertrauen. Erst der Tod ist der letzte Schritt auf dem Weg, der *gewiss zum Himmel* eingeht, aber nicht übersprungen werden darf.

Die veränderte Wiederaufnahme der Motive aus den ersten beiden Strophen[12] bindet Anfang und Ende des Liedes tiefsinnig zusammen und macht hörbar, was im Verlauf des Singens oder Sprechens des Liedes geschehen ist: Die Gebetsstrophe, intensiviert durch Verdoppelung des Bittrufs *Mach End*, schließt den Sprecher mit den anderen *armen Seelen* zusammen und befiehlt ihre Wege, wie eingangs geraten, der Pflege, die Gott für sie vorsieht und die sie darum nicht in *selbsteigner Pein* besorgen müssen.

[11] Allerdings hat er selbst sie noch häufig so beantwortet. – Die hier vorgeschlagene Lesart könnte dem seit der Aufklärung zu erwartenden Einwand gegen das vermeintlich naive Gottes- und Menschenverständnis in der Rede von Gottes Regieren als *weiser Fürst* argumentativ standhalten.

[12] Vgl. die graphische Veranschaulichung der Bezüge bei Sauer-Geppert 1984, 58–62, hier 61.

Zu fragen ist nun noch nach Gerhardts Deutung von Psalm 37,5 durch sein Lied. Wie legt er den Psalmvers aus, der dem Lied den Text als Akrostichon vorgab? Psalm 37 ist eine lange, immer neu ansetzende poetische Mahnung, sich vom Wohlergehen der Gottlosen nicht täuschen zu lassen; ihr Verderben ist absehbar, ebenso wie das künftige Glück und die Errettung der Frommen und Gerechten. Der Spruch V. 5, aus dem Zusammenhang gerissen, ist nicht charakteristisch für den Hauptgedanken des Psalms, in seiner Allgemeinheit freilich offen für diesen wie für Gerhardts Inanspruchnahme des Verses als Zusammenfassung der Providenzlehre. Übernommen hat er lediglich die Form der Anrede, das Du, das seinem Lied einen seelsorgerlichen Ton verleiht. Entscheidend für seine Deutung des Psalmverses war, dass er das Wort *Herr* darin mit den drei „Gottesstrophen“ im Sinne der Vorsehungslehre interpretierte. Wichtig ist sodann, dass der Mensch in dem Lied als ein leidender verstanden wird und seine Lebenswege als schwere, notvolle Wege (Str. 12,2). Davon weiß der Spruch nichts. Gerhardt konfrontiert diesen Gott mit dem so beschaffenen Menschen und lässt das Zusammenstimmen der ewigen Treue Gottes mit dem Verbleiben des Menschen in der Treue als den „Nutzen“ des Providenzglaubens aufscheinen. Das ist eine beträchtliche Vertiefung gegenüber dem schlichten *Er wird's wohl machen.*

Dem Providential-Lied *Befiehl du deine Wege* hat Gerhardt den Psalmvers unauslöschlich eingeschrieben, hat ihm jedoch zugleich eine Bedeutungsfülle mitgegeben, die er von sich selbst her nicht besaß.

Elke Axmacher

Das Strophenschema – vier Doppelzeilen mit sieben und sechs Silben –, das so genannte „Valet“-Schema, kommt in vielen Texten und Melodien des deutschen Kirchenliedrepertoires vor. Viele dieser Lieder haben im Laufe der Zeit ihre Melodien untereinander ausgetauscht. So wurde unser Lied häufig mit der Melodie von *O Haupt voll Blut und Wunden* gesungen (EG 85, ursprünglich zum weltlichen Lied *Mein G'müt ist mir verwirret*) oder auch zu derjenigen von *Valet will ich dir geben* (EG 523). Die heute im EG und vielen anderen aktuellen Gesangbüchern verwendete Melodie steht in einer von Bartholomäus Gesius besorgten Ausgabe von 1603 mit dem Text *Lobet Gott, unsern Herren*, einer Liedfassung von Psalm 150.[13] Gegenüber der ursprünglichen dreizeitigen Gestalt ist sie geradtaktig und rhythmisch ausgeglichen, dazu in der Melodieführung etwas vereinfacht: eine Fassung, die ihr im Wesentlichen Georg Philipp Telemann in seinem Choralmelodienbuch 1730[14] gegeben hat. Ein solcher Ausgleich der Notenwerte geschah im 18. Jh. bei sehr vielen Melodien – wir kennen das Phänomen ja auch von Bachs Chorälen, die fast durchgehend auf ältere rhythmische

[13] Es besteht eine Ähnlichkeit mit der Melodie zu *Bei hochzeitlicher Freude* DKL III/3 A700. Der Kommentar zu unserer Melodie (DKL III/4 A1086) hält eine direkte Abhängigkeit wegen der Quellenlage für unwahrscheinlich und die Ähnlichkeit für zufällig. Vielleicht könnte man sie als typusbedingt ansehen.

[14] DKL 1730[11].

Differenzierungen und auf originale Dreiertakte verzichten. Grund dafür ist der langsame Gemeindegesang, der allerdings ziemlich sicher schon im 17. Jh. eingesetzt hat: Manche Sätze in Michael Praetorius' „Musae Sioniae" (1607–1610)[15] führen die Mittelstimmen in so kleinen Notenwerten, dass ein heutiges Singtempo für die Melodie nicht realistisch wäre; dasselbe gilt auch für Johann Crügers Sätze mit Instrumentaloberstimmen.[16] Während wir heute von einem Grundpulsschlag pro Akzent, d. h. pro Silbenpaar „betont-unbetont", ausgehen, galt früher die Relation „ein Puls, eine Silbe". Wenn sich dann noch der Grundpuls verlangsamt, wird eine rhythmische Differenzierung musikalisch sinnlos. Die moderne Akzent-Puls-Auffassung hat dazu geführt, dass manche Melodien ihre ursprüngliche rhythmische Gestalt wiedererlangt haben, so etwa *Nun danket alle Gott* (EG 321). Dies ist bei *Befiehl du deine Wege* nicht geschehen, sondern Telemanns Fassung hat sich stabil etabliert. Die Gleichmäßigkeit des Voranschreitens gibt der Melodie einen ruhigen, konzentrierten und soliden Affekt, der so gut mit dem Text harmoniert, dass eine Rückgewinnung des originalen Rhythmus offenbar gar nie zur Diskussion stand. Für diesen Affekt ist der äquale Rhythmus aber nicht allein verantwortlich. Dazu tragen wesentlich die Tonumfänge der Einzelzeilen, die inneren formalen Beziehungen, die kleinen Tonschritte und die tonale Stabilität bei. Während der Gesamtambitus der Melodie mit einer Oktave in der Norm liegt, sind die Tonumfänge der einzelnen Zeilen mit fünf Quarten und drei Quinten ausgesprochen bescheiden – eine sprachliche Assoziation zum ‚Sich-Bescheiden' in Gottes Willen und Vorsehung ist der Sache durchaus angemessen. Der Kontrast zu der manchmal auch für diesen Text verwendeten „Valet"-Melodie, die sich in der ersten Zeile zur Oktave und danach noch gleich zur Dezime aufschwingt, ist eklatant und mag wohl erklären, weshalb sich heute die Zuweisung der Gesius-Melodie breit durchgesetzt hat.

Die Zeilen, bzw. die Zeilenpaare der Melodie sind untereinander durch Motivbeziehungen und -entsprechungen eng verbunden. Bei der Analyse ist zunächst auszugehen vom Verhältnis der Melodieführung zu den metrischen Akzenten im Text.

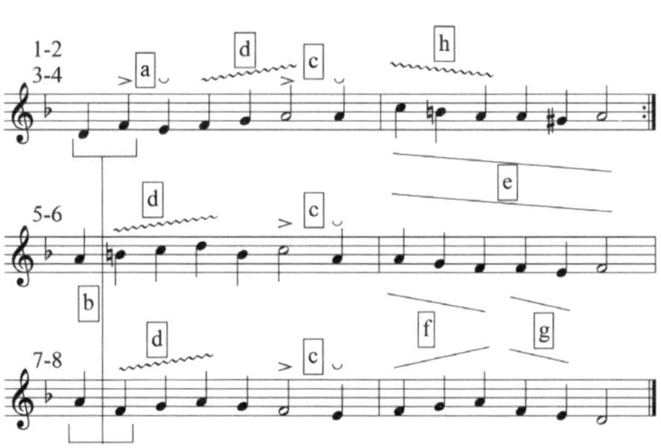

[15] DKL 1607^{18}, 1607^{19}, 1609^{10}, 1609^{18}, 1610^{06}, 1610^{13}.
[16] DKL 1649^{15}, 1657^{05}, 1658^{05}.

Durch die Gleichheit der Notenwerte am Melodiebeginn kann die metrische Situation des Textes, also die Lage der unbetonten und der betonten Silben, nicht durch den Rhythmus dargestellt werden. Doch bildet die fallende kleine Sekunde vom zweiten zum dritten Ton eine typische Entlastungsfigur (a), welche der zweiten Silbe ihre Betonung zuwachsen lässt. Metrisch deutlich sind auch die Schlusswendungen (c) der Zeilen 1, 3, 5 und 7, wo die Betonung der zweitletzten Silbe durch die Verlängerung des Tones abgebildet wird, gefolgt von der nachschlagenden Tonwiederholung, der fallenden Terz oder der fallenden Sekunde.

Die eröffnende Terz, durch die Betonungsfigur (a) verursacht, kehrt umgekehrt am Anfang des letzten Zeilenpaares wieder (b). Das ist längt nicht das einzige Element, das der Melodie inneren Zusammenhalt verleiht. Da sind die Aufstiege in der ersten Hälfte aller Zeilenpaare (d) und vor allem die Kadenzfigur (e), die in Melodien jener Zeit häufig vorkommt; wir kennen sie von *Christus, der ist mein Leben* (EG 516, Zeile 4), und ähnlich aus der „Valet"-Melodie (EG 523, Zeilen 2 bzw. 4 und 8). In Zeile 2 bzw. 4 führt sie auf die 5. Stufe (in Moll), in Zeile 6 erscheint sie eine Terz tiefer und führt auf die 3. Stufe in Dur. Die letzte Zeile lässt sich als Abwandlung der Zeile 6 verstehen: Umkehrung des Anfangs (f), Identität der Fortsetzung (g) und Abschluss auf dem Grundton statt der Terz. Die Anfangsbewegung der Kadenzfigur kehrt die Aufstiegsbewegung in den ersten Zeilenhälften um, so dass jedes Zeilenpaar eine Bogenform im Wechsel von auf- und abwärts gerichteten Teilen erhält; so entsteht eine große Ausgewogenheit der Melodie.

Große Intervalle kommen nicht vor. Meist sind es Sekundschritte, und die wenigen Terzen verweisen auf die in der jeweiligen Passage vorherrschenden Dreiklänge. Diese zeigen die Reihenfolge d-Moll, a-Moll, d-Moll, a-Moll, C-Dur, F-Dur, d-Moll, d-Moll und bilden damit ein vollkommen tonales Schema von Tonika, Dominante und Parallele. Dieses fügt sich dem neuzeitlichen Hören bruchlos ein und trägt mit den beschriebenen inneren Formbeziehungen wesentlich dazu bei, dass die Melodie als Musterbeispiel einer schlichten, leicht fasslichen und behaltbaren Melodie gelten kann – Niederschwelligkeit und Popularität im besten Sinn. Symmetrien und formale Stabilität formen zudem den Grundaffekt der Melodie, welche sie als kongruent mit dem Text erscheinen lässt – kongruenter jedenfalls als die „Valet"-Melodie, mit der sie jedoch überraschend viel gemeinsam hat: Die zweite bzw. vierte Zeile ist in beiden durch eine ähnliche (in späteren Fassungen der Valet-Melodie identische) Kadenzformel gebildet, einmal in Moll, einmal in Dur; in beiden Melodien bilden die Zeilenpaare jeweils einen durch Auf- und Abstieg geformten Bogen, und beide Melodien zeigen ein neuzeitlich-tonales Kadenzschema. Sie vertreten einen Grundtypus der Gattung „Evangelisches Kirchenlied", der sich zu Beginn des 17. Jh. ausgebildet hat und über lange Zeit wirksam geblieben ist.

Andreas Marti

375 Dass Jesus siegt, bleibt ewig ausgemacht

EG 375 RG 857

Text

Verfasser Johann Christoph Blumhardt (1852) 1877 **Vorlage** *Monathsblätter für öffentliche Missionsstunden*, Tübingen 1852 **Quelle** *Bibellieder oder in singbare Reime gebrachte Stellen der Heiligen Schrift.* (Johann Christoph Blumhardt) Stuttgart 1877 **Überschrift** *290. (Mon.=Bl. 1852, April) Mel. Gott ist getreu, Sein Herz.* **Strophenbau** A5/10a A3/6b A5/10a A3/6b A4/9c- A4/9c- A2/4x **Abweichung** nach 1: 2. *Ja, Jesus siegt, sei's, daß die Finsternis* **Verbindung TM** in der Q ohne N, aber mit Melodieangabe *Gott ist getreu, Sein Herz* (Elberfeld 1805; Z IV,7186)

Melodie

Incipit 1__2_3_ 4#__ _4#_5_2_2_4_ 3___ **Verfasser** Johann Rudolph Ahle **Quelle** *Drjttes Zehn Neuer Geistlicher Arien* (Johann Rudolph Ahle), Mühlhausen 1662 (DKL 1662[13]) **Ausgaben** Z IV,7173; Johannes Wolf (Hg.), Johann Rudolph Ahles Ausgewählte Gesangswerke, Leipzig, 1901 (Denkmäler Deutscher Tonkunst 5), 47 **Ambitus** G: 5454335; Z: 5 **Abweichungen** große Terz höher; Z. 6, letzte Note Halbe, dann Viertelpause; Z. 7 wird wiederholt * RG: stark abweichende Melodiefassung (s. Notenbeisp. S. 61) nach Heinrich Knecht (1786), mit 4st. S (Balthasar König 1738) **Verbindung MT** Q: *Es ist genug* (Franz Joachim Burmeister) * auch zu: *Es ist noch Raum* (EKG Wü 530); *Gott ist getreu* (EKG Wü 551); *Sei still zu Gott* (EKG Wü 560) * eigene: Friedrich Hörlbacher (in: Jesus – unsere Freude, 1995); Johannes Petzold (in: Feiern und Loben, 2003)

Literatur

HEG II, 19.44f ** ThustB, 334; ThustL II, 219f ** Koch (^{3}1866–1877) VII, 304–306 ** SCHULZ, Michael T.: Johann Christoph Blumhardt. Leben – Theologie – Verkündigung, Göttingen **1984**, bes. 128–165 * ISING, Dieter: „Daß Jesus siegt, bleibt ewig ausgemacht …" Johann Christoph Blumhardts Verkündigung im Spiegel seiner Gedichte und Vertonungen, Blätter für württembergische Kirchengeschichte 88 (**1988**) 385–401 * DERS.: Johann Christoph Blumhardt als Dichter und Komponist geistlicher Lieder, in: Reiner Nägele (Hg.): „… das heilige Evangelion in Schwang zu bringen" Das Gesangbuch, Geschichte – Gestalt – Gebrauch, Stuttgart **1996**, 125–147, bes. 139–140 * RATHEY, Markus: Johann Rudolph Ahle 1625–1673. Lebensweg und Schaffen, Eisenach **1999**, 498f

Außerhalb des Sports wird die Vokabel „Sieg" heute mit militärischen, d. h. gewaltförmigen Wegen der Konfliktlösung konnotiert. Lieder, die sich einer Sprache von Kampf, Streit und Sieg bedienen (EG 373; 377), rufen deshalb Abwehr hervor. Die starke Tradition von Innerlichkeit und stiller Demut oder das zeitgenössische Engagement für Frieden mit ausdrücklich friedlichen und eben nicht militärischen Mitteln kann aber den Blick darauf verstellen, dass der

Glaube im Getümmel der Mächte auch in äußere Kämpfe geführt wird, in denen er siegen oder unterliegen kann. Johann Christoph Blumhardts d. Ä. bekanntestes Lied ist ein wichtiges Dokument dafür, dass Jesu Auferstehung und Himmelfahrt weniger als Sühnehandlung, sondern vielmehr als Sieg in einem Kampf verstanden wird. Es ist ein Kristallisationspunkt der Theologie Blumhardts überhaupt, es ermächtigt und befähigt bis heute zum Widerstand gegen Bedrückungen aller Art.

Das Lied geht von einer exorzistischen Erfahrung aus, die Blumhardt im Gemeindepfarramt in Möttlingen[1] am Rand des Schwarzwalds gemacht hat. 1842–1843 begleitet er die zeitweise der Zauberei verdächtige und aus heutiger Sicht psychisch kranke bzw. hysterische[2] Gottliebin Dittus (1815–1872) nach Kapitulation der Ärzte nach einigem Zögern seelsorglich – im schließlichen Bewusstsein, es bei ihr mit dämonischen Mächten zu tun zu haben.[3] Der seelsorglich-therapeutische Prozess, in dem Blumhardt als Methoden nur Gebet und eigenes Fasten anwendet,[4] endet mit der Heilung der Gottliebin Dittus. Blumhardt berichtet, am Ende sei auch Gottliebins Schwester Katharina von der Besessenheit erfasst worden, und sie habe am 28. Dezember 1843 morgens um 2 Uhr nach Gesprächen, bei denen nach Blumhardts Worten auch ein „Satansengel" aus Katharina gesprochen habe, nach Gebeten und starkem Zittern auf dem Stuhl mit zurückgebogenem Kopf und Oberkörper „mit einer Stimme, die man kaum bei einer menschlichen Kehle für möglich halten sollte", gebrüllt: „Jesus ist Sieger! Jesus ist Sieger!"[5] Die Geschichte wird bekannt, enorm viele Menschen suchen bei Blumhardt Rat und Heilung. Es kommt zu einer Aufbruchs- und Erweckungsbewegung, erneut mit überraschenden Heilungserfahrungen, die für Blumhardt allein aus der Kraft Gottes und des Gebets kommen und zum Anbruch des Gottesreiches gehören. Die württembergische Kirchenleitung sieht die Sache mit aufklärerischer Skepsis und verbietet Blumhardt, in der Seelsorge auf leibliche Heilungen hinzuwirken, vollends, nachdem Blumhardt auch über eigene Gespräche mit Geistern Verstorbener und deren ruheloses Schicksal berichtet. Diese Geschichte steckt im Lied.

Um sich ungehindert seiner gefragten Seelsorgetätigkeit zuwenden zu können, kauft Blumhardt mit Unterstützung durch Freunde vom württembergischen Staat das Schwefelbad Boll bei Göppingen am Fuß der Schwäbischen Alb, wo

[1] Gut 30 km westlich von Stuttgart.

[2] Vgl. Walter Schulte, Was kann der Arzt und Psychiater zu Joh. Chr. Blumhardt, zu Krankheit und Besessenheit sagen?, Evangelische Theologie 1949/50, H. 4, 151–169; Theodor Bovet, Zur Heilungsgeschichte der Gottliebin Dittus, in: Johann Christoph Blumhard, Gesammelte Werke, hg. v. Gerhard Schäfer, Bd. 1 Der Kampf in Möttlingen. Texte, Göttingen 1979, 1–29; Joachim Scharfenberg, Zur Lehre von der Seelsorge. Bewußtwerdung und Heilung bei Johann Christoph Blumhardt, in: Ders., Religion zwischen Wahn und Wirklichkeit, Hamburg 1972, 150–172.

[3] Vgl. Johann Christoph Blumhard, Krankheitsgeschichte der G[ottliebin] D[ittus] in Möttlingen, mitgeteilt von Pfarrer Blumhardt, s. Anm. 2, 32–78.

[4] Scharfenberg bescheinigt Blumhardt, fünfzig Jahre vor Sigmund Freud intuitiv „den Urtypus des psychotherapeutischen Gesprächs" verwirklicht zu haben, vgl. Scharfenberg, aaO., 156.164.

[5] Blumhardt, Krankheitsgeschichte, 76.

er sich seit 1852 als Hausvater mit seiner ganzheitlichen Seelsorge einer großen Zahl von Heilung, Gesundheit, Rat und Hilfe suchenden Menschen widmet. Die geheilte Gottliebin Dittus führt den umfangreichen Haushalt. Man duzt sich dort, im Umkreis Blumhardts sind die Alltags- und Milieugrenzen der sozialen Herkünfte beseitigt.[6]

Der Liedtext entsteht in der Zeit des Wechsels nach Bad Boll, zieht eine Quintessenz der Möttlinger Erfahrungen und ordnet sie in eine heilsgeschichtliche Perspektive ein. Die poetische Qualität wird nach der Veröffentlichung alsbald angezweifelt, Koch nennt Blumhardt einen Reimer, keinen Dichter[7], Albert Knapp nennt andere Beispiele der zahlreichen Blumhardtlieder „aller Poesie schier baare Steinhaufen".[8] Es gibt eine weitere Veröffentlichung 1877 in „Bibellieder oder in singbare Reime gebrachte Stellen der Heiligen Schrift nebst Fest- und Missionsliedern, zum Gebrauch in Bad Boll". Unbeschadet prominenter Verurteilungen wird das Lied gesungen, in pietistischen Liederbüchern des 20. Jh. taucht es auf,[9] in einigen EKG-Regionalteilen, um schließlich 1990 in den Stammteil des EG zu gelangen. Es hält eine vernachlässigte Thematik wach.

Dass Christus siegreich gegen den Satan kämpft, ist für Blumhardt eine Gegenwartserfahrung, nicht nur biographisches Widerfahrnis, sondern heilsgeschichtliche Station auf dem Weg der Erlösung der ganzen Welt. Blumhardts Hoffnung auf Erlösung der Welt vor dem Endgericht trägt chiliastische Züge.[10] Reich-Gottes-Arbeit ist aber jedenfalls nicht stilles Dulden und individuelles Hinnehmen der Verhältnisse, sondern ein Machtkampf. Das bekannte Wort seines schwäbischen Kollegen Christoph Friedrich Oetinger (1702–1782) „Leiblichkeit ist das Ende der Werke Gottes ..."[11] könnte auch von Blumhardt stammen. Mit diesem psychosomatischen Blick sind beide ihrer jeweiligen Zeit weit voraus. In der Tradition Johann Albrecht Bengels ist Blumhardt beseelt von der Hoffnung auf das jetzt bald äußerlich sichtbar anbrechende Gottesreich, wenn Christus wiederkommt. Er rechnet fest damit, dass Gott nicht nur den Möttlingern, sondern durch eine neue Geistausgießung (vgl. Joel 3) den Menschen der Welt die Möglichkeit zur Umkehr gibt. In solcher Erweckung werden Krankheiten, Kriege und Ungerechtigkeiten überwunden. Von dieser Theologie der Hoffnung Blumhardts verläuft über seinen Sohn Christoph Blumhardt d.J. eine direkte Linie zum religiösen Sozialismus des frühen 20. Jh. (Hermann Kutter, Leonhard Ragaz).

[6] 1920 vermachten die Erben von Christoph Blumhardt das Anwesen der Herrnhuter Brüdergemeine. Heute ist Bad Boll eine weithin bekannte Kurklinik.

[7] Vgl. Koch VII, 306.

[8] Ebd.

[9] Z. B. Philadelphia-Lieder, hg. vom Altpietistischen Gemeinschaftsverband, Reutlingen 1930, Nr. 811.

[10] Vgl. Karl Barth, Die protestantische Theologie im 19. Jahrhundert. Ihre Vorgeschichte und ihre Geschichte, Zollikon/Zürich 1947, 597.

[11] Christoph Friedrich Oetinger, Biblisches und Emblematisches Wörterbuch, Heilbronn 1776, 407.

Im Liedanfang leicht abgewandelt beginnt und schließt Blumhardt alle Strophen gleichlautend formelhaft mit *Ja, Jesus siegt!* Die 1. Strophe enthält „in nuce Blumhardts Christus-Verkündigung".[12] Der globale, raumzeitlich umfassende, nicht wie sonst im Pietismus gern individualistisch oder gruppenbezogen enggeführte Anspruch ist von Anfang an emphatisch: Jesu Sieg gilt ewig, er gilt für die ganze Welt, alles ist in seiner Hand (Offb 5,7), ein für alle Mal begründet in Tod und Auferstehung bzw. Himmelfahrt Jesu (1. Kor 15,55.57 mit EG 113; Hebr 12,2). Vor dem Hintergrund der Möttlinger Erfahrungen schwingen beim „Sieg Jesu" die neutestamentlichen Exorzismen mit (Mt 12,22–30; Mk 5,1–20 u. ö.). Der Thron als Ziel der Himmelfahrt ist ein Kraftplatz.

Die zweite Strophe des ursprünglich fünfstrophigen Liedes, die im EG ausgelassen ist, führt die Thematik weiter: *Ja, Jesus siegt! Sei's, daß die Finsternis / im Trotzen wütend schnaubt,/ seis, daß sie wähnt, mit ihrem giftgen Biß_/ hätt sie ihm viel geraubt:/ die Seinen läßt in Not und Grämen / sich unser Held doch niemals nehmen./ Ja, Jesus siegt!*[13]

Die 2. EG-Strophe malt das Bild vom Volk, das *hart darniederliegt* (Klgl 1,7 im Luthertext, den Blumhardt hatte), bedroht von *Satans Pfeil* (vgl. Eph 6,16; Ps 58,8; 64,4; Spr 25,18; Jer 9,7). Feuer ist für Jesus Synonym für die Strafe im endzeitlichen Gericht (Mk 9,43 u. ö.). Dass *Jesu Arm die Feuerbrände … löscht*, steht also für die Rettung der Gläubigen im Gericht. *Das Feld behalten* ist militärische Ausdrucksweise für das Sich-Behaupten in einer Kampfsituation (vgl. Eph 6,13; vgl. EG 104,1–3; 112,2; 362,2).

Die 3. Strophe bezieht ihr Vokabular von Paulus, der im Römerbrief die ganze Schöpfung seufzen hört (Röm 8,22.26). Blumhardt deutet dies vor allem auf die *unter Satans Joch* (vgl. EG 136,5; 449,5) seufzende Menschheit – er wird entsprechende Klänge und Geräusche aus der Möttlinger Zeit im Ohr gehabt haben. Die Hoffnung auf endgültige Befreiung macht sich fest am *Erlösungsjahr* („Jubeljahr" 3. Mose 25,8–55), das alttestamentlich alle fünfzig Jahre stattfinden und generellen Schuldenerlass gewähren soll. Die *Ketten*, aus denen Christus *zuletzt … die Kreatur* errettet, sind mit Blick auf den Schluss des Liedes diejenigen des 1. Korinther 15,25–28 genannten „letzten Feindes", mithin ein Synonym für die Todverfallenheit der Welt, die Christus durch seinen Kampf überwunden hat.

Nachdem das Lied bisher die Möttlinger Erfahrungen heilsgeschichtlich einordnet und vergegenwärtigt, geht die 4. und letzte Strophe in eine Art Bekenntnis über. Das heute ungewohnte Beieinander von Glaube und Kampf speist sich semantisch aus Epheser 6,10–17. Am Ende wird die eschatologische Szenerie des Philipperhymnus aufgerufen: vor Christus beugt sich alles (Phil 2,10), und auch der letzte Feind, der Tod, ist zum Verstummen gebracht (1. Kor 15,25–28).

Dass Blumhardts Text, der von Jesu Sieg über den Teufel handelt, mit der Originalmelodie Johann Rudolf Ahles verbunden wird, die mit einem Tritonus-

[12] Schulz, Blumhardt, 129.

[13] Zitiert nach EKG Ausgabe Württemberg 1953, Nr. 428.

Gang aus drei Ganztönen anhebt, bringt auf pikante Weise den „diabolus in musica“ ins Spiel: er muss als Besiegter, was er nicht will, jetzt im Singen Träger des Evangeliums sein und, was im Teufelsnamen „Luzifer“ zum Ausdruck kommt: Lichtträger.

BERNHARD LEUBE

Der vierte Ton der Melodie. – Niemand, der die Melodie singt oder hört, kann eine gewisse Fremdheit, Überraschung, vielleicht sogar Verstörtheit, aber auch Faszination, die dieser Ton in sich birgt, verleugnen. Jeder andere Ton wäre eher zu erwarten. Es ist der Aufwärtsgang in drei Ganztonschritten, das Rahmenintervall einer übermäßigen Quarte in dieser Eingangszeile, die die Melodie zu etwas Besonderem macht, in eine Tonart versetzt – lydisch –, die es sonst eigentlich nur in der Theorie gibt. Erst im zweiten Teil wandelt sich die Melodie von der fremdartigen Kirchentonart zur gewohnten Dur-Tonalität.

Im Regionalteil des EKG für die württembergischen Landeskirche stand die Melodie bei fünf verschiedenen Texten.[14] Und sie stand nicht nur im Buch, sie wurde auch gesungen. Es war ein mutiger Schritt von Gesangbuchkommission und Kirchenleitung im Stuttgart der frühen 1950er Jahre, der Gemeinde diese Melodie und damit vor allem dem ursprünglich mit ihr verbundenen Text seine Wirkungsmacht zurückzugeben. Zuvor hatte es seit dem 18. Jh. zahlreiche Versuche gegeben, den Melodieanfang (je nach Sichtweise) zu verbessern, zu versanglichen, zu glätten, zu banalisieren oder zu verstümmeln. Eine weit verbreitete Fassung ist die folgende, die sich bis ins 18. Jh. zurückverfolgen lässt, unter anderem noch im württembergischen Gesangbuch von 1912 stand und beispielsweise auch in das heutige Gesangbuch der Evangelisch-reformierten Kirchen der deutschsprachigen Schweiz übernommen wurde (RG 857):

Es ist genug! – Jede der fünf Strophen des Originaltextes der Melodie beginnt mit diesem Wort und drei enden auch damit.[15] Fünfmal wird die Empörung durch den unerhörten dritten Ton zum Ausdruck gebracht. Gleichzeitig wird ein Transitus nicht nur angedeutet, sondern geradezu unumgänglich gemacht: Der Ton verlangt nach seiner Auflösung, der Christ nach seiner Erlösung: *So nimm, Herr, meinen Geist / zu Zions Geistern hin* heißt es im anschließenden Text der ersten Strophe.

Johann Rudolf Ahle (1625–1673) – Die Melodie erschien erstmals 1662 in Ahles Sammlung „Drittes Zehn neuer geistlicher Arien“ als Oberstimme eines insgesamt sechsstimmigen Satzes unter der Überschrift „Über die Sehnworte des Elias“. Der erste Stollen (Z. 1–3) ist vierstimmig (SSAT), der zweite (Z.

[14] EKG, Ausgabe Württemberg, Nummern 428, 530, 551, 560 und 566.

[15] Str. 2 schließt: *Des ist genug*, Str. 3: *Wann ist's genug.*

4–6) nur dreistimmig (TTB) vertont. Der Wechsel zwischen Hoch- und Tiefchor setzt sich im Abgesang zunächst fort, nur in der Schlusszeile (*Es ist genug*, s. o.) sind alle sechs Stimmen vereint und, wichtig: Die Schlusszeile wird zweimal gesungen. Diese Wiederholung, das sei vorweggenommen, findet sich auch in den meisten späteren Verbreitungen der Melodie. Harmonisch ist bei Ahle der vierte Ton doppeldominantisch, d. h. als Leitton zur Dominante aufzufassen.

Johann Sebastian Bach (1685–1750) – Durch ihn sollte die Weise später weltweite Bekanntheit erlangen und ohne ihn, so darf man vermuten, wäre sie heute vergessen. Er machte sie zum Schlusschoral seiner Kantate „O Ewigkeit, du Donnerwort" (BWV 60) zum 24. Sonntag nach Trinitatis. In seinem ersten Amtsjahr als Thomaskantor in Leipzig erklang sie am 7. November 1723 erstmals im Gottesdienst. Im Choralsatz ist die Schlussstrophe des Liedes verwendet:

Es ist genug: Herr, wenn es Dir gefällt,
So spanne mich doch aus.
Mein Jesus kommt, nun gute Nacht, o Welt!
Ich fahr' ins Himmelshaus.
Ich fahre sicher hin mit Frieden,
Mein großer Jammer bleibt danieden.
Es ist genug, es ist genug!

Bach vertont die Melodie mit einer Kühnheit, die zu seiner Zeit und auch in seinem Werk ihresgleichen sucht. Ein Ausschnitt, die sechste Liedzeile, verdeutlicht, wie er durch chromatische Tonfolgen im Bass und Alt und aufeinanderfolgende Septakkorde jegliches tonale Zentrum vorübergehend auflöst:

Dieser Satz hat Generationen von Komponisten, Musikern, Wissenschaftlern und Hörern tief beeindruckt und inspiriert.

Johannes Brahms (1833–1897) – Die Melodie hat die Kirche verlassen und Einzug gehalten in den Konzertsaal. „Am 7. Dezember 1873 brachte Johannes Brahms in dem von ihm geleiteten Konzert der Gesellschaft für Musikfreunde in Wien J. R. Ahles Motette ‚Es ist genug' und im Anschluss daran Bachs gleichnamigen Choral zur Wiedergabe."[16] Möglicherweise hat der Anfang unserer Melodie darüberhinaus Spuren in Brahms' eigenem Schaffen hinterlassen.

[16] Karl Geiringer in der Zeitschrift für Musik, 1933, 465; zum Abdruck der Sätze als Notenbeilage in derselben Zeitschrift.

Die choralartige Motette „Ach, arme Welt, du trügest mich" (Op. 110/2), 1889 veröffentlicht, beginnt mit einer Tonfolge im Sopran, die zwischen den Tönen 2 und 5 ebenfalls die charakteristische übermäßige Quarte durchschreitet:

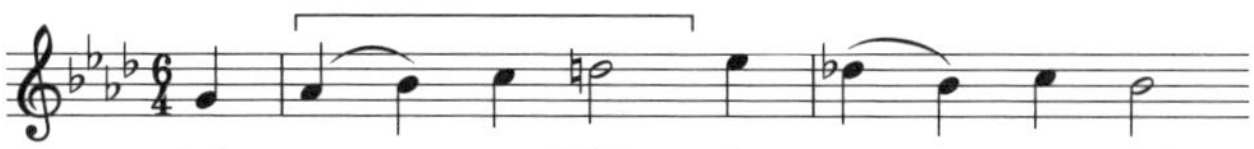

Alban Berg (1885–1935) – „Dem Andenken eines Engels" überschrieb Berg 1935 sein berühmtes Violinkonzert unter dem Eindruck des Todes der 18-jährigen Manon Gropius, Tochter von Alma Mahler-Werfel und Walter Gropius. In kunstvoller Weise baut er in die Partitur nicht nur die Melodie sondern auch Bachs vierstimmigen Choralsatz ein und notiert darin auch den Text der betreffenden Liedstrophe. Fast übernatürlich scheint es ihm vorzukommen, wie die Melodie zu seinem bereits konzipierten Werk passt, wie er in einem Brief an seinen Schüler und ersten Biographen Willi Reich schreibt: „Ist es nicht merkwürdig: Die ersten vier Töne des Chorals (eine Ganztonfolge) entsprechen genau den letzten vier Tönen der Zwölftonreihe, mit der ich das ganze Konzert baue?"[17] Bergs Übernahme des Bach-Chorals in ein Werk des 20. Jh. war seinerzeit nicht unumstritten, dennoch hat er mit seinem Violinkonzert auch nachfolgende Komponistengenerationen, wie z. B. Hans Werner Henze, beeinflusst. Auch der zitiert in seiner 2007 uraufgeführten Oper „Phaedra" den Anfang des Bach-Chorals.

Oskar Kokoschka (1886–1980) – Ein Beispiel aus der bildenden Kunst mag diesen Reigen der Rezeption einer Gesangbuchmelodie beschließen. Wieder war Bachs Kantate der Auslöser. Sie veranlasste den Künstler zu einigen Zeichnungen, die 1914 schließlich in 11 Lithographien zur Kantate „O Ewigkeit, du Donnerwort" mündeten. Den Abschluss bildet die Choralstrophe, die er in einer Pietà umsetzte.[18]

Helmut Lauterwasser

[17] Zitat und ausführliche Beschreibung bei Volker Scherliess, Neoklassizismus: Dialog mit der Geschichte, Kassel u. a. 1998, 225–233.

[18] Bildnachweis: Oskar Kokoschka, O Ewigkeit, du Donnerwort. 11 Lithographien und die Vorzeichnungen zur Kantate von Johann Sebastian Bach, Wiesbaden 1984.

387 Mache dich, mein Geist, bereit

EG 387ö (EM 277)

Text

Verfasser Johann Burchard Freystein **Quelle** *Geistliche Lieder und Lobgesänge,* o. O. [Halle oder Frankfurt] 1695 **Überschrift** *Über die Worte: Wachet und betet! Mel. Straff mich nicht in deinem Zorn/&c.* **Ausgabe** Christian Bunners (Hg.), Lieder des Pietismus aus dem 17. und 18. Jahrhundert, Leipzig 2003, 46f.109f (Nr. 24) **Strophenbau** 7/4a 6/3b-, 7/4a 6/3b-, 6/4x+x 6/3c- 6/3c- **Abweichungen** nach 2: 3. *Wache auf! sonst kann dich nicht,* 4. *Wache! daß dich satans-list,* 5. *Wache! daß dich nicht die welt,* 6. *Wache darzu auch für dich*; 5,7 wenn wir *Glaubend* bitten **Verbindung TM** in der Q ohne N, aber mit Angabe der Melodie *Straff mich nicht in deinem Zorn* (Dresden 1694) Z IV,6274 * Eigenmelodien: Z IV,6277 (Johann Caspar Backofen; in: DKL 1727[01]); Z IV,6278 (J.J. Renner, in: DKL 1768[04])

Melodie

Incipit 3_345_5_ 1_2_3__ **Entstehung** vor 1681; geistlich Braunschweig 1686 **Vorlage** *Lamente* in einer handschriftlichen Sammlung (Kaufvermerk 1681; Hinweis auf Rosenmüller 1655; Z IV,6274c) **Quelle** *Hundert. ahnmuthig- und sonderbahr geistlicher ARJEN* [...; = Anhang zu: *Geist- und Lehr-reiches Kirchen- und Hauß-buch* ...], Dresden 1694 (DKL 1694[02], Teil II) **Ausgaben** Z IV,6274a; B III,216 **Ambitus** G: 8; Z: 58(58)548 **Abweichungen** Q: Melodie mit Generalbass; kleine Terz höher; nur Zeilenendstriche; Z. 2, statt N. 2: zwei Achtel *a'b'* (*-che*), statt N. 4 zwei Achtel *e'd'* (*und*); Z. 6, N. 6–7 statt zwei Viertel: punktierte Viertel mit Achtel (*From-*); Z. 7, statt N. 2: punktierte Achtel mit Sechzehntel *a'b'* (*Ver-*) * EM: 4st. S (Reichslieder 1931); einen Ton höher **Verbindung MT** in der Q: *Straf mich nicht in deinem Zorn* (EKG 176) * weitere Texte: *Betgemeinde, heilge dich* (EKG 275); *Herr, ich bin dein Eigentum* (EM 277); *Weine nicht, Gott lebet noch* (Benjamin Schmolck)

Literatur

HEKG (Nr. [176,] 261) I/2, 404f; III/2, 1–3.219–221; Sb, 269–271.410; HEG II, 101 ** ThustB, 342; ThustL II, 243–245 ** Koch (^{3}1866–1877) VIII, 559f, KLL (1878–1886) II, 43.276; EEKM (1888–1895) III, 547–549; Schlunk (1951) 234f; Bruppacher (1953) 329 ** Smets, Anne: Das Endgericht in der Endzeitrede Mt 24–25 und im Evangelischen Gesangbuch, Tübingen **2015**, 341–357 et passim

Wachet und betet, dass ihr nicht in Anfechtung fallet. Der Geist ist willig; aber das Fleisch ist schwach, spricht Jesus im Garten Gethsemane zu seinen Jüngern, bevor er gefangen genommen und gekreuzigt wird (Mt 26,41). Und an den hier als *willig* bezeichneten *Geist* richtet sich Johann Burchard Freysteins Lied: *Mache dich, mein Geist, bereit* ist zu großen Teilen ein ‚Seelengespräch', wie es für die Zeit des Pietismus typisch ist, ein Ausdruck individueller, persönlicher Frömmigkeit. Der Bezug des Liedes zu Matthäus 26,41 wird durch den Imperativ *wache, fleh und bete* (Str. 1,2) hergestellt – und durch die Überschrift, die es im Gesangbuch „Geistliche Lieder und Lobgesänge ...", in dem es erstmals abgedruckt ist, trägt: „Über die Worte: Wachet und Betet!"

Die Ermahnung zum Beten, Flehen und Wachen sowie der Verweis auf die *böse Zeit* (Str. 1,3) findet sich auch im Epheserbrief (Eph 5,16; 6,18). Dort bezieht sich *böse Zeit* auf die erzählte Gegenwart, im Lied dagegen auf das zukünftige Gericht Gottes.[1] Auf das Gericht gilt es sich richtig und rechtzeitig vorzubereiten, d. h. zu wachen. Der Zusammenhang zwischen der Mahnung zum Wachen und dem Gericht zeigt sich in Erzählungen der Evangelien wie dem Gleichnis vom Türhüter (vgl. Mk 13,33.37) und dem Gleichnis von den zehn Jungfrauen (vgl. Mt 25,13). Sie mahnen zur Wachsamkeit angesichts des ungewissen Zeitpunkts, zu dem der Menschensohn *unverhofft* (Str. 1,4) wiederkommen wird, um Gericht zu halten, wie es z. B. in der Endgerichtsszene Matthäus 25,31–46 ausgemalt ist.

Im Lied fungiert der Gerichtsgedanke als Motivationshilfe, sich nicht in *Versuchung* (Str. 1,7) führen zu lassen – dies ist das eigentliche Thema des Liedes. Es lässt sich als Reflexion der sechsten Vaterunserbitte, wie Luther sie im Kleinen Katechismus erläutert, verstehen. Außerdem weist das Lied deutliche Bezüge zur Katechismus-Erklärung Philipp Jakob Speners auf. Die *Versuchung*, so betont es Luther wie auch das Lied, ist vom *Satan* (Str. 1,5) und nicht von Gott bewirkt: „Gott versucht zwar niemand; aber wir bitten in diesem Gebet, dass uns Gott behüte und erhalte, damit uns der Teufel, die Welt und unser Fleisch nicht betrüge und verführe ..."[2] Die Versuchungsthematik wird in den folgenden Strophen erläutert. Mit Ausnahme von Str. 4 und 5 beginnen sie alle mit dem Imperativ, zu wachen bzw. zu beten, auf den jeweils eine Begründung folgt. Str. 2 – und im Original vier weitere, im EG ausgelassene Strophen – thematisieren das Wachen, Str. 3–5 das Beten und Flehen.

In Str. 2 geht es um das Unvorbereitetsein angesichts der *lange[n] Strafe* (Str. 2,4), d. h. der *ewigen Strafe* (Mt 25,46), die als Folge des Gerichts droht. Die *Not* (Str. 2,5) ist als Metapher der Endzeit zu verstehen, deren Anbruch mit allerlei *Wehen* wie Kriegen und Naturkatastrophen einhergeht (Mk 13,7f par). Der *Tod* bezieht sich dagegen auf das individuelle Sterben, von dem man zur Entstehungszeit des Liedes hoffte, dass es eben nicht *unvermutet* (Str. 2,7) geschehen möge, sondern dass Zeit zur angemessenen Vorbereitung bliebe, z. B. durch das Ablegen der Beichte.

Auch in den im EG ausgelassenen folgenden vier Strophen geht es um das Wachen. Die erste von ihnen mahnt, dass *unser HErr* die Schlafenden nicht *erleuchten* kann. Die anderen drei Strophen widmen sich jeweils einem der Verursacher der „bösen Versuchung", die im Kleinen Katechismus und auch in Speners Katechismus-Erklärung genannt werden: der Satan, die Welt und

[1] Vgl. Christian Bunners (Hg.), Lieder des Pietismus aus dem 17. und 18. Jahrhundert, Leipzig 2003, 109.

[2] Luther, Kleiner Katechismus, 254; zit. n. EG 806.3.

das eigene Fleisch, die „in Missglauben, Verzweiflung und andere große Schande und Laster“[3] verführen wollen.

Diese vier Strophen haben ab Mitte des 19. Jh. augenscheinlich Anstoß erregt, denn sie wurden zunächst mehrfach verändert[4] und schließlich ganz gestrichen. Dadurch verschiebt sich der Schwerpunkt des Liedes zum Gebet hin: Waren ursprünglich vier Strophen dem Wachen gewidmet und drei dem Beten, ist in der gekürzten Fassung nur eine Strophe übriggeblieben, die das Wachen thematisiert.

Str. 3 verdeutlicht jedoch, dass Wachen und Beten angesichts der genannten Versuchungen zusammengehören. Die Versuchung, so Spener, prüft, übt und stärkt den Glauben und treibt zum Gebet, weshalb man „so wol hertzlich in dieser bitte ge=gen dieselbe / oder umb Göttlichen beystand darinen / beten / und sich nicht abhalten lassen“[5] soll. Spener betont, dass es unmöglich sei, sich aus eigener Kraft von der Versuchung zu befreien, und es daher umso nötiger sei, Gott um seinen Beistand anzurufen;[6] vgl. Str. 3,3–7.

Der Gedanke der Befreiung durch Christus, den „Herrn“, verweist auf den Herrschaftswechsel, wie ihn Luther in seiner Erklärung zum zweiten Artikel des Glaubensbekenntnisses formuliert hat: „Was ist nu das ‚Ein Herr werden‘? Das ists, das er [Christus] mich erlöset hat von sunde, vom Teuffel, vom tode und allem unglück. Denn zuvor habe ich keinen herrn noch König gehabt, sondern unter des Teuffels gewalt gefangen, zu dem tod verdampt, ynn der sunde und blindheit verstrickt gewesen.“[7] Der Fokus des Liedes liegt jedoch nicht auf dem Indikativ dieses Herrschaftswechsels, der Befreiung von dem, was *drückt und bestrickt* (Str. 3,5), sondern auf der Notwendigkeit, um diese Befreiung zu bitten.

Dies unterstreicht die vierte Strophe, die einen Neueinsatz darstellt: Sie beginnt nicht mit einem Imperativ, sondern mit einem das bisher Gesagte bekräftigenden *Ja* (Str. 4,1).

Angesprochen ist nicht mehr der eigene *Geist*, sondern ein Wir, eine Gemeinschaft der Glaubenden, zu der sich das Ich hinzuzählt. So legt das Lied quasi in Gegenrichtung zu vielen anderen Liedern einen Weg vom Ich zum Wir zurück: Die Erkenntnisse, die das Ich im ‚Seelengespräch‘ gewonnen hat, kommuniziert es nun und macht sie somit fruchtbar für einen größeren Kreis von Menschen. Auf diese Weise erhält das Lied den Charakter einer Predigt.

[3] Ebd.; vgl. Philipp Jakob Spener, Einfältige Erklärung der christlichen Lehr nach der Ordnung des kleines Catechismi des teuren Manns Gottes Lutheri 1677, in: Ders., Schriften II.1, hg. v. Erich Beyreuther, Hildesheim u. a. 1982., 900. 902. 907. 914–916 [Kat. Erkl.].

[4] Z. B. im Gesangbuch für die evangelische Kirche in Württemberg, Stuttgart 1842, im Evangelischen Gesangbuch für Kirche, Schule und Haus in Basel-Stadt und Basel-Land, 1854, und im Deutschen Evangelischen Kirchen-Gesangbuch. In 150 Kernliedern, Stuttgart/Augsburg 1854.

[5] Vgl. Spener, Kat. Erkl., 912f.; Zitat 913.

[6] Vgl. Spener, Kat. Erkl., 921.

[7] Martin Luther, Deudsch Catechismus (Der Große Katechismus) 1529, WA 30,I, 123–238, hier 186.

Das Plädoyer für das *Beten* und *Schrein* zu Gott erinnert an das Gleichnis von der bittenden Witwe, das erzählt wird, damit die Menschen *allezeit beten und nicht nachlassen* (Lk 18,1). Auch Psalm 42 (*Wie der Hirsch lechzt* [schreit] *nach frischem Wasser, so schreit meine Seele, Gott zu dir*, nämlich zu dem Gott, der *meines Angesichts Hilfe* ist, V. 2.6) klingt hier an und ebenso das Lutherlied *Aus tiefer Not schrei ich zu dir* (EG 299).

Satzsubjekt ist weiterhin *der Herre*. Er verhilft den Menschen zur Überwindung der Versuchungen. Ihre Ursachen werden hier noch einmal genannt, und zwar in der Reihenfolge der Spenerschen Katechismus-Erklärung: Auch hier sind – über den eigenen *Sinn* (Str. 4,5) hinaus – *Feind, Fleisch, Welt und Sünden* (4,6) aufgezählt,[8] und zwar als von ihm *böse* genannte Versuchungen,[9] die zwar nicht gottgewirkt seien, aber von Gott zugelassen werden, weil sie den Glauben prüfen, üben und stärken und zum Gebet treiben.[10] Angesichts dieser Versuchungen gelte es, Gott um Stärke und Beistand zu bitten, so „daß wir in seiner krafft und stärcke die versuchungen überwinden / und den sieg davon tragen mögen."[11]

Ebenso betont das Lied die Notwendigkeit menschlichen Betens – insbesondere auch in der folgenden, fünften Strophe. Wie in Str. 4 entsteht hier der Eindruck, dass sich die Singenden angesichts der Bedrohung durch Versuchung und Gericht gegenseitig Mut zusingen: Wer betet, wird die Versuchung überwinden und Gott wird ihn mit der *Füll seiner Gunst beschütten* (Str. 5,5f). Gott könnte hier allerdings als eine Art Tauschpartner missverstanden werden, der für seine *Gunst* Gebete fordert (vgl. bereits Str. 4,1–4) – ein stark vereinfachendes und damit nicht unproblematisches Gottesbild. Christus, der *Sohn* (Str. 5,3), erscheint in dieser Vorstellung als Mittler, als Fürsprecher der Betenden vor Gott.

Die letzte Strophe nimmt schließlich die Leitbegriffe des Liedes, *wachen, flehen, beten* (Str. 6,2), aus der ersten Strophe wieder auf und stellt ihnen ein weiteres Trikolon, *Angst, Not und Gefahr*, an die Seite (6,3), eine Umschreibung des Endgerichts, das, so wird es hier betont, nahe bevorsteht. Daher erscheint die Mahnung zum Wachen, Flehen und Beten angesichts der ständig präsenten Versuchung umso dringlicher. Die Perspektive des Endgerichts wirkt in die Gegenwart hinein; sie soll bewirken, dass sich die Singenden von der Versuchung durch *Satan*, *Welt* und *Fleisch* ab- und zu Gott hinwenden. Eine solche Abkehr ist jedoch nur möglich, wenn die Versuchung zuvor thematisiert und in Augenschein genommen wurde, wie es in den ersten Strophen geschehen ist. Erst dann kann die Hinwendung zu Gott im Gebet erfolgen (Str. 3–5).

Die Gerichtsankündigung durchbricht dieses Schema des Abwendens und Hinwendens, indem sie unvermittelt die Bedrohlichkeit Gottes vor Augen stellt. Die Einseitigkeit dieses Schlusses ist problematisch, denn hier wird, wie bereits in

[8] Vgl. Spener, Kat. Erkl., 913–916.
[9] Spener, Kat. Erkl., 902, vgl. 900.907.
[10] Vgl. Spener, Kat. Erkl., 908.912.
[11] Spener, Kat. Erkl., 920.

Str. 2, ausschließlich der negative Ausgang des Gerichts ausgemalt. Anders als die matthäische Endgerichtsdarstellung, die einen „doppelten Ausgang" beschreibt (*Und sie werden hingehen: diese zur ewigen Strafe, aber die Gerechten in das ewige Leben*, Mt 25,46), endet das Lied ausschließlich mit einer Drohung. Nicht umsonst ist der Schluss in der Wirkungsgeschichte des Liedes mehrfach durch eine gegenteilige Aussage wie *In der Not,/ in dem Tod / wirst du auf dein Flehen / vor dem Herrn bestehen,*[12] *Kurze Zeit / währt der Streit / und welch eine Krone / wird mir dann zum Lohne*[13] oder *denn die Zeit / ist nicht weit,/ da von allem Bösen / Gott uns wird erlösen*[14] ersetzt worden. Jedoch wird mit diesem Schluss auch die Plötzlichkeit, mit der das Gericht eintritt, nachempfunden. Seine Ansage bricht mitten in die vorher skizzierte Hoffnungsperspektive hinein. Sie unterstreicht die Warnungen, dass das Gericht *unverhofft* (Str. 1,4) und *unvermutet* (2,7) komme, auf dass – mit Spener gesprochen – „nicht ... jemand verlohren werde (welches so viel mehrern begegnen würde/ wo er mit seinen gerichten allzuplötzlich einbräche) sondern daß sich jederman zur busse kehre."[15]

Ob dieser Appell bei heutigen Singenden ankommt oder eher Unverständnis und Abwehr auslöst, bleibt fraglich. Das Lied als Ganzes führt jedoch in die Gethsemane-Szene hinein. Es ermöglicht die Identifikation mit den Jüngern und lotet aus, was das zu ihnen gesagte *Wachet und betet!* für die Singenden über diese Szene hinaus austrägt.

Anne Smets

Die Melodie ist ein typischer Vertreter des barocken „Aria"-Stils, der eher mit dem Sologesang als mit dem Gemeindegesang in Verbindung zu bringen ist. Der religiöse Individualisierungsschub, der mit dem Pietismus gegen Ende des 17. Jh. erfolgte, fand in diesem Gesangsstil eine adäquate musikalische Gestaltungsform, so dass die „Aria"-Melodien in den frühen pietistischen Gesangbüchern breit vertreten sind. Charakteristische Stilmerkmale, wie sie auch in unserer Melodie auftreten, sind verzierungsartige Ligaturen, größere Tonsprünge, Sequenzbildung und tonales Kadenzgefälle.

Die Beschreibung im Einzelnen ist dadurch erschwert, dass gerade die ornamentalen Ligaturen zur Variantenbildung neigen, ohne dass dadurch die Substanz der Melodie wesentlich verändert würde. Bereits zwischen der möglichen weltlichen Vorlage – dem als „Lamente" bezeichneten Tanzlied in der vor 1681 geschriebenen Handschrift[16] – und der bei Zahn wiedergegebenen

[12] Neues Gesangbuch zum Gebrauch der evangelisch lutherischen Gemeinden in der Grafschaft Hanau, 1779.

[13] Neues Gesangbuch fuer die Evangelisch=Lutherischen Gemeinden in den Hochfuerstl. Hessen=Casselischen Landen, Kassel 1784.

[14] Gesangbuch zum gottesdienstlichen Gebrauch für evangelische Gemeinen, Berlin 1829.

[15] Philipp Jakob Spener, Am 25. Sonntag nach Trinitatis, in: Ders., Der Evangelische Glaubens-Trost 1695. Predigten über die Evangelien (1688/89), Schriften III.3 Teil 2 B, hg. v. Erich Beyreuther/ Dietrich Blaufuß, Hildesheim u. a. 2010, 904–925, hier 921 (Hervorhebungen getilgt).

[16] Z IV,6274c.

Fassung Dresden 1694 bestehen eine Reihe von kleinen Differenzen, und zwischen dieser und der EG-Fassung bestehen vier (die Stollenwiederholung eingerechnet sechs) Abweichungen bei Ligaturen. Dazu kommt in der Fassung 1694 ein Sext- statt des heutigen Quartsprungs zu Beginn von Zeile 7 (*h'-d'* statt *g'-d'* bei Notation in C-Dur). Insgesamt ist damit der solistisch-ariose Charakter etwas zurückgenommen, bleibt aber immer noch deutlich erkennbar: Die Ligatur zu Beginn stellt die Verzierung eines einfachen Aufstiegs durch die Terz dar, in den Zeilen 2 (4) und 8 fällt ein Sextsprung abwärts auf, die Zeilen 5 und 6 bilden eine Sequenz. Die tonale Eindeutigkeit zeigt sich in Zeile 1, deren Akzenttöne durch den Tonikadreiklang gebildet werden, weiter in der ausführlichen Kadenz auf die Dominante in Zeile 7 und in dem gewichtigen Abschluss auf dem Grundton am Stollen- und am Strophenschluss. Die Identität dieser beiden Zeilen war in der Fassung von 1694 durch unterschiedliche verzierende Ligaturen etwas verschleiert, in der vereinfachten EG-Fassung führt sie zu einer perfekten Reprisen-Barform.

Neben den gattungstypischen finden sich auch charakteristische individualisierende Elemente in der Melodie. Dazu zählen die genannte mehrfache Verwendung der fallenden Sexte und die in der Sequenz der Zeilen 5 und 6 auftretenden Quartfälle, die im vereinfachten Beginn von Zeile 7 aufgenommen werden (die ältere Fassung setzte den Aufstieg der Zeilenanfangstöne noch um eine Stufe fort und erreichte so den schon erwähnten Sextfall). Deutliches individuelles Merkmal sind die Terzgänge in den Zeilen 1–2 (3–4): dreimal aufwärts und einmal abwärts machen sie das ganze Tonmaterial dieser Zeilen aus.

Die Spekulationen über den Ursprung der Melodie – Johann Rosenmüller ist als ihr Autor vermutet worden – tragen zum Verständnis wenig bei. Hingegen ist die Bezeichnung der weltlichen Tanzmelodie in der Handschrift von vor 1681 als „Lamente“ interessant. Offenbar handelt es sich nicht um ein munteres Tanzliedchen, sondern um einen langsamen Schreittanz, etwa in der Art einer Pavana. So erklärt sich die Wahl der Melodie für Texte mit Bußcharakter, sowohl bei der älteren Zuweisung zu *Straf mich nicht in deinem Zorn* wie in unserem Fall. Dennoch bleibt eine gewisse Diskrepanz. Der stabile Dur-Charakter und die große melodische und rhythmische Bewegung bringen einen helleren, freundlicheren Ton ins Spiel. So fügt die Melodie dem düsteren Text eine Dimension hinzu, den spätere Redaktoren in ihm offenbar vermisst und durch die Änderung des Liedschlusses – wie im Textkommentar beschrieben – eingebracht haben.

ANDREAS MARTI

403 Schönster Herr Jesu

EG 403(ö) GL2 364ö RG 686ö+/685 KG 196ö+ G 851ö+/CG 852 EM 118

Text

Quellen (a) Handschrift Münster 1673, ediert in Hölscher 1865 * (b) *Muensterisch Gesangbuch/ Auff alle Fest vnd Zeiten deß gantzen Jahrs*, Münster 1677 (DKL 1677^{06}-I) * (c) *Schlesische Volkslieder mit Melodien* (Hoffmann von Fallersleben und Ernst Richter, Leipzig 1842 * (d) *Deutsches evangelisches Gesangbuch für die Schutzgebiete und das Ausland* (Deutscher Evangelischer Kirchenausschuß), Berlin 1915 **Überschrift** (b) *Zusatz Drey schöner auserlesener Newer Lieder* * (c) *287. Jesus über Alles.* * (d) *Liebe zu Jesu* **Ausgabe** Friedrich Spee, Geistliche Lieder (Hg. Theo van Oorschot), Tübingen 2006 (Das Lied wurde früher Spee zugewiesen.) **Strophenbau** 5/$\underline{2}x_1$- 6/3x_2- 7/4b 5/$\underline{2}$c- 5/$\underline{2}$c- 7/4b **Abweichungen** (a) siehe Kommentar * (b) Str. 2 fehlt; 3,1 *Schame dich O Sonne*; 3,2 *schame dich O Mone*; 3,3 *Schämet euch ihr*; 3,6 *Wann* die; 4,6 *lebt* in; nach 4: 5. *Er ist wahrhafftig/ allhie gegenwärtig*; 5,4 *Keiner sei immer*; 5,5 *Lieber mir werden*; 5,6 *JESU liebster* (EG-Str. 5 = Str. 2) * (c) 2,2 *noch* schöner; 2,6 *unser trauriges*; 3,1 *leucht der Monden*; 3,2 *noch schöner leucht die Sonne*; 3,3 *Als die Sternlein allzumal*; 3,4 *leucht schöner*; 3,5 *leucht*; 3,6 *im Himmelssaal*; Str. 4 fehlt; 5,3 *nur gegen ihn als Schein*; 5,4 *Keiner auf Erden*; 5,5 *uns lieber kann werden*; 5,6 *Als der schönste*; nach 5: 5. *Jesus ist wahrhaftig* * (d) 2,1 *Felder*; 2,2 *Wälder*; 3,1 *leucht die Sonne*; 3,2 *leucht der Monde*; 3,3 *und die Sternlein allzumal*; 3,6 *im Himmelssaal*; 4,6 *doch Jesus lebt*; 5,3 *verfaßt* in; 5,6 *der schönste* * RG, KG; CG 851/852, GL2: EG-Str. 2 fehlt; nach 4: 5. *Schönster Herr Jesu, bei uns gegenwärtig*; 5,4 *Keiner soll immer*; 5,5 *lieber mir werden* (EG-Str. 5 = Str. 2) * EM: (Zeile 6 hat jeweils eine Silbe mehr, s. u. Melodie); 1,2 aller *Enden*; 1,6 *du* meiner; 2,1 *Felder*; 2,2 *Wälder*; 2,6 der *unser* traurig; 3,1 *leucht' die Sonne*; 3,2 *leucht' der Monde*; 3,3 *und die Sternlein allzumal*; 3,4 *leucht' schöner*; 3,5 *leucht'*; 3,6 *als alle Engl im Himmelssaal*; 4,6 *doch* Jesus *lebt*; 5,3 *verfasst*; 5,6 als du *der schönste* **Verbindung TM** (b + c): wie EG 1. + 2. Melodie (s. u.) * (d) wie EG, 2. Melodie (mit Abweichungen wie EM) * Fulda 1695 (B II, 294-I)

1. Melodie

Incipit 5_12-7_-7_ 123b45_5_ **Quelle** vgl. Textquelle (b): [*Melodeyen über die Gesänge und Psalmen deß Münsterischen Gesang-Buchs* (hg. von Rudolph Nagell), Münster 1677 (DKL 1677^{06}-II)] **Ausgaben** Z II,3975; B II,294 **Ambitus** G: 8b; Z: 6b545b (vierzeilig!) **Abweichungen** Quarte höher; ¢; Z. 1–2 und 3–4 werden jeweils wiederholt; Z. 4 N. 1–2 *dis' e'*, N. 3–4 Viertel *h* * GL2, RG 686, KG, CG 851: doppelte Notenwerte * EM nur 2. Melodie **Verbindung MT** wie EG * *Salve Antoni, dulcis vena boni* (B I,421); *Heilige Namen, allezeit beisammen* (B II,183)

2. Melodie

Incipit 1_11 2-71_ **Entstehung** Grafschaft Glatz (Schlesien) vor 1842 **Quelle** s. o. Quelle (c) **Ausgaben** Z II,3976; B IV,184 **Ambitus** G: 9b; Z: 3b3b7b445 (sechszeilig!) **Abweichungen** Terz höher (F-Dur); Z. 3 und 6 je letzte Note Halbe mit Halbepause;

Z. 6 N. 1–3 je Viertel * GL2, KG: nur 1. Melodie * RG 685, CG 852: Halbton höher (Es-Dur), mit 4st. S (Friedrich Hänssler vor 1972); Z. 6 N. 1–3 je Viertel * EM: mit 4st. S (Reichslieder 1931), Z. 5 letzte Note Viertel, dann zusätzliche Silbe (1. Str.: *du*) mit Viertelnote *f'* (als Auftakt zu Z. 6); Z. 6, N. 1–3 je Viertel **Verbindung MT** wie EG

Literatur

HEG II, 156f ** WGL1 V, 157f; RGL1, 209.733f; ÖLK Lfg. 6; ThustB, 353; ThustL II, 280–282 ** KLL (1878–1886) II, 240; Erk-Böhme (1893–1894) III, Nr. 2009f; Julian ([2]1907), Sp. 1016f; Nelle ([3]1924/1962) Nr. 27; RößlerL ([2]2001) 803 ** HÖLSCHER, B[ernhard]: Deutsche Geistliche Lieder aus der ersten Hälfte des 17. Jahrhunderts, Oesterreichische Vierteljahresschrift für katholische Theologie 4 (**1865**) 221–256 * WAGNER, Alois: Schönster Herr Jesu (Gotteslob Nr. 551), in: Paul Nordhues/ Alois Wagner: Predigten zum Gotteslob, Bd. 3, Graz/Wien/Köln **1977**, 162–165 * FISCHER, Michael: Schönster Herr Jesu. Liedkommentar, https://www.freidok.uni-freiburg.de * DERS.: „DU bist gantz schön" Das Motiv von der Schönheit Christi bei Angelus Silesius und seinen Zeitgenossen, JLH 45 (**2006**) 193–213 (bes. 211f)

Er hatte keine Gestalt noch Schöne; wir sahen ihn, aber da war keine Gestalt, die uns gefallen hätte (Jes 53,2). Schon die Passionserzählungen der Evangelien beziehen diese Beschreibung des leidenden Gerechten aus dem vierten Gottesknechtslied des Jesaja auf den auch in seiner äußeren Gestalt geschundenen Jesus. *Er war der Allerverachtetste und Unwerteste, voller Schmerzen und Krankheit. Er war so verachtet, dass man das Angesicht vor ihm verbarg; darum haben wir ihn für nichts geachtet* (Jes 53,3). Weitere Züge dieser Entstellung und Erniedrigung entnimmt die Dramaturgie der Passionsgeschichte dem Psalm 22, den Markus dem sterbenden Jesus in den Mund legt (Mk 15,34, vgl. Mt 27,46) und in dem der Leidende von sich selbst sagt: *Ich aber bin ein Wurm und kein Mensch, ein Spott der Leute und Verachtung des Volks. Alle, die mich sehen, verspotten mich, sperren das Maul auf und schütteln den Kopf* (Ps 22,7f). War für die meisten Kirchenväter dieses biblische Szenarium einer Unansehnlichkeit und Erbärmlichkeit des Leidenden der Ausdruck für eine bestimmte Situation im Leben Jesu, behaupten einige Theologen die grundsätzliche ‚Hässlichkeit' der irdischen Gestalt des menschgewordenen Logos.[1] Die Entäußerung und Erniedrigung des Gottgleichen, von denen der Philipperhymnus spricht (Phil 2,7f), habe sich auch im Aussehen Jesu gezeigt: „Seine Gestalt ist unansehnlich, mehr als die der anderen Menschen armselig, ein geschlagener Mensch, an Gebrechlichkeit gewöhnt" (Tertullian)[2]. Die Gründe für diese uns heute merkwürdig anmutende Behauptung sind verschieden: Das Argument der Hässlichkeit Jesu kann sich gegen die innerkirchliche Irrlehre des Doketismus richten, die die

[1] Vgl. Alois Grillmeier, Mit ihm und in ihm. Christologische Forschungen und Perspektiven, Freiburg 1975, 45–48; Alex Stock, Poetische Dogmatik. Christologie, Bd. 2: Schrift und Gesicht, Paderborn 1996, 218–222.

[2] Tertullian, De carne Christi 15 (CSEL [Corpus Scriptorum Ecclesiasticorum Latinorum] 47, 229 Kroymann).

‚Fleischwerdung' des göttlichen Logos nicht akzeptieren will und den irdischen Jesus mit einem unwirklichen, phantastischen ‚Astralleib' ausstattet. Es kann auch eine Verweigerungshaltung gegen den Schönheitskult des griechischen Heidentums sein, das sich einen ‚Sohn Gottes' nur als einen physisch überdurchschnittlichen Menschen vorstellen kann; die Kinder, die der Göttervater Zeus mit Menschenfrauen zeugte, waren stark wie Herakles und schön wie Helena. Nach Klemens von Alexandrien schließlich soll die äußere Gestalt Jesu nicht ablenken von seiner inneren Schönheit; äußerlich sei er deshalb elend und unansehnlich gewesen.[3]

Den meisten Kirchenvätern gilt freilich auch der irdische Jesus als schön; in ihm wird ja die Herrlichkeit Gottes sichtbar (Joh 1,14). So wird er identifiziert mit dem Messiaskönig der Psalmen: *Du bist der Schönste unter den Menschenkindern, voller Huld sind deine Lippen; wahrlich, Gott hat dich gesegnet für ewig* (Ps 45,3) und dem Bräutigam des Hohen Liedes: *Siehe, mein Freund, du bist schön und lieblich* (Hld 1,16). Der geniale Augustinus kann diesen scheinbaren Widerspruch erklären: Schönheit und Hässlichkeit liegen im Auge des jeweiligen Betrachters. Hässlich erscheint Jesus seinen Peinigern, die ihn verspotten, schlagen, mit Dornen krönen und bespeien. Schön erscheint er denen, die ihn lieben.[4] Das Mittelalter wird diesen Gedanken weiterentwickeln. Thomas von Aquin nennt drei Eigenschaften der Schönheit: Vollkommenheit, Harmonie und Klarheit. Alle drei findet er in dem Sohn, der das Ebenbild des Vaters ist.[5] Die Schönheit ist gleichsam der sinnlich wahrnehmbare Ausdruck des Guten.

Schönster Herr Jesu stellt sich in diese lange frömmigkeits- und kulturgeschichtliche Tradition und verschmilzt in gewisser Weise auch mit ihr. Das Lied zeigt viele Charakteristika, die in gewisser Weise typisch sind für die katholische Liedtradition (und auch bei den meisten Marienliedern begegnen): Herkunft und Verfasser sind unbekannt, ein ‚Urtext' lässt sich unter den gedruckten Versionen nicht ausmachen, Strophenanzahl und -reihenfolge wechseln, es entwickeln sich eine Fülle von Textvarianten, tradiert wird das Lied sowohl in kirchlichen als auch in weltlichen Gesangbüchern. Heute gilt als erste gedruckte Quelle das „Münsterisch Gesangbuch Auff alle Fest vnd Zeiten deß gantzen Jahrs" von 1677, die auch die „Erste Melodie" in EG 403 bringt. 1865 veröffentlichte jedoch der rührige Hymnologe und Sammler Bernhard Hölscher eine handschriftliche Version des Liedes, die schon aus dem Jahr 1673 stammt und wohl von einem Schüler des Jesuiten-Gymnasiums im westfälischen Münster angefertigt wurde.[6] Das Büchlein im Duodezformat sammelt geistliche und weltliche Liedtexte; *Schönster Herr Jesu* hat die Überschrift „Suspirium ad Jesum" (Seufzer zu Jesus). Da diese handschriftliche Version des Liedes einer vermu-

[3] Clemens von Alexandrien, Paedagogos 3,1,3 (GCS [Die griechischen christlichen Schriftsteller der ersten drei Jahrhunderte] 12, 237 Stählin).

[4] Augustinus, Ennaratio in Ps 127,8 (CChr.SL [Corpus Christianorum. Series Latina] 40, 1872 Dekkers/Frapoint).

[5] Summa Theologiae I,5,4, ad 1 und ebd. I,39,8.

[6] Vgl. Hölscher 1865, 221.

teten Erstfassung am nächsten kommt und die Grundlage der heutigen Ö-Fassung ist, soll diese hier zunächst in den Blick genommen werden.

1 *Schönster Herr Jesu, Herrscher aller Herren,*
Gottes und Mariä Sohn,
Dich will ich lieben, dich will ich ehren,
Meiner Seele Freud und Won.

2 *Alle die Schönheit Himmels und der Erden*
Ist gefaßt in dir allein;
Keiner soll immer lieber mir werden,
Als du Jesu liebster mein.

3 *Schön ist der Mone, schöner die Sonne,*
Schön seynd auch die Sterne all;
Jesus ist feiner, Jesus ist reiner,
Als die Engeln allzumal.

4 *Schön ist das Silber, schöner sind die Perlen,*
Schöner doch des Goldes Glanz;
Dies heut nur scheinet, morgen verschwindet;
Jesus glänzt in Ewigkeit.

5 *Schön seynd die Blumen, schöner seynd die Menschen*
In der frischen Jugendzeit,
Sie müssen sterben, müssen verderben,
Jesus bleibt in Ewigkeit.

6 *Liebster Herr Jesu, hie bis gegenwärtig*
In dem hochheilig Sakrament;
Jesu dich bitt ich, sey uns gnädig
Jetzt und auch am letzten End.

Die Ö-Fassung verzichtet zu Recht auf die 4. Strophe des Manuskripts. Sie fällt als einzige aus dem Reimschema (ab ab) heraus und ist eine ungelenke Weiterschreibung der 3. Strophe: Nach *Mone*, *Sonne* und *Sterne* wird nun das besungen, was auf Erden *Glanz* hat und *scheinet*, nämlich *Silber*, *Perlen* und *Gold*. Das Resümee *Jesus glänzt in Ewigkeit* ist dem der folgenden Strophe nachgebildet. Innerhalb der Anlage des Liedes ist Str. 4 deutlich ein Zusatz.

In seiner fünfstrophigen Gestalt hat das Lied einen klaren Aufbau: Die ersten beiden Strophen besingen in direkter Anrede an Jesus das Verhältnis von Schönheit und Liebe, gewissermaßen in Ergänzung der Feststellung des Augustinus: Jesus erscheint denen schön, die ihn lieben; und weil er der *Schönste* ist, so das Lied, verspricht die *Seele*, ihn zu *lieben*. Die (unmittelbar aufeinanderfolgenden) Strophen drei und fünf verlassen die Du-Anrede und exemplifizieren in einer Art Bekenntnis die in Str. 2 genannte *Schönheit* des *Himmels und der Erden*: Angeführt werden die am Himmel wahrnehmbaren Gestirne (*Mone*, *Sonne* und *Sterne* in Str. 3) einerseits und die auf Erden für eine kurze Zeit blühenden *Blumen* und *Menschen* (Strophe 5) andererseits. Str. 6 kehrt wieder zu der direkten Anrede an Christus zurück, spricht aber von einem bisher unbekannten *uns*; es dürfte der nachträgliche Versuch sein, das Lied in einen gottesdienstlichen Kontext zu überführen.

Strophe 1: Der Superlativ *Schönster* [...] *Jesus* knüpft sowohl an die philosophische Tradition an (Gott als die „summa pulchritudo“) als auch an eine aus der Andachtsliteratur vertraute Sprechweise (etwa in der Namen-Jesu-Litanei: „Jesu potentissime, Jesu patientissime, Jesu oboedientissime ...“). Ebenso hat in den übrigen Motiven der ersten Strophe die biblisch-patristische Tradition deutliche Spuren hinterlassen: Dass der *Schönste* auch der Mächtigste ist (*Herrscher aller Herren*), nimmt den schon erwähnten Psalm 45 auf; die ausdrückliche Charakterisierung Jesu als *Gottes und Mariä Sohn* wehrt der Versuchung, die Schönheit Christi in einem doketistischen Astralleib zu verorten; das Verlobungsversprechen *dich will ich lieben, dich will ich ehren* identifiziert die *Seele* mit Sulamith, der Braut des Hohenliedes. Im Ganzen erinnert das Inventar dieser Eingangsstrophe an Nicolais Morgensternlied (EG 70), das ganz ähnliche Motive miteinander verbindet: *Ei meine Perl, du werte Kron,/ wahr' Gottes und Marien Sohn,/ ein hochgeborner König!* [...] *Ei mein Blümlein /* [...] *deiner kann ich nicht vergessen.*

Strophe 2: Der Schönste und Mächtigste ist auch der Schöpfer des *Himmels und der Erden.* Dass die (relative) Schönheit der Schöpfung die (absolute) Schönheit Gottes widerspiegelt, ist ein Topos der biblischen und philosophischen Tradition. Im Lied wird dieser Gedanke mit Christus verbunden, dem Wort Gottes, durch das alles geworden ist (Joh 1,3). Das erneute Liebesversprechen nimmt nun einen sehr intimen Tonfall an. Aus dem *Herrscher aller Herren* wird der *liebste Jesu mein.*

Strophen 3 und 5: Die folgenden beiden Strophen wechseln von der Anrede zum Bekenntnis und nehmen die Stichworte *Himmel* und *Erde* auf. Str. 3 zieht die Geschöpfe des Himmels, die unbelebten (*Monde, Sonne, Sterne*) und die belebten (*Engel*), zum Vergleich heran. In der Tradition werden diesen Lichtplaneten und Lichtwesen die Eigenschaften der „claritas" (Glanz, Reinheit) und der „subtilitas" (Feinheit) zugeschrieben. Doch *Jesus ist feiner, Jesus ist reiner.* Str. 5 wendet den Blick vom Himmel zur Erde und wählt als Vergleich die Schönheit der Blumen und die *in der frischen Jugendzeit* noch schöneren Menschen. Doch deren Schönheit ist nicht von Dauer. Die floreale Metaphorik der Vergänglichkeit ist deutlich Psalm 103,15–17 entnommen: *Ein Mensch ist in seinem Leben wie Gras, er blüht wie eine Blume auf dem Felde; wenn der Wind darüber geht, so ist sie nimmer da, und ihre Stätte kennet sie nicht mehr. Die Gnade aber des HERRN währt von Ewigkeit zu Ewigkeit.* Übertrifft der *schönste Herr Jesus* die schönen Himmelsgeschöpfe an Glanz, so die schönen Erdengeschöpfe durch Unvergänglichkeit: *Jesus*, die personifizierte Gnade des Herrn, *bleibt in Ewigkeit.*

Mit dem Stichwort *Ewigkeit* könnte das Lied sein Ende gefunden haben. Es wäre dann, wie die Überschrift „Suspirium ad Jesum" in der westfälischen Handschrift nahelegt, die preisende und bekennende Meditation einer *Seele* über ihren *schönsten* und *liebsten* Bräutigam. In der Barockzeit sind solche persönlichen Andachtsübungen weit verbreitet, wie etwa das Güldene Tugendbuch des Jesuiten Friedrich Spee zeigt.[7]

Strophe 5 wirkt aus dieser Perspektive eigenartig deplatziert. Sie bringt eine Fülle neuer Aspekte und wird nur durch die Wiederaufnahme der Apostrophierung *Liebster Herr Jesus* lose an die übrigen Strophen angebunden. An die Stelle der Schönheit tritt die Frage nach der Gegenwartsweise Jesu, aus dem *mein* wird ein *uns*, der brautmystische Seufzer *liebster Jesu mein* weicht der besorgten Bitte *Herr, sei uns gnädig.* In der westfälischen Handschrift lautete der Anfang der Schlussstrophe: *Liebster Herr Jesu, hie bis* [sei] *gegenwärtig / in dem hochheilig Sakrament.* Dem Lied soll dadurch ein Ort bei der Eucharistieverehrung

[7] Vgl. ausführlich dazu Christine Esser/ Michael Fischer, Schönster Herr Jesus, Herrscher aller Herren, ÖLK Lfg. 6.

zugewiesen werden. Die Ö-Fassung ändert im ökumenischen Konsens[8] sinnvollerweise zu *bei uns gegenwärtig / durch dein Wort und Sakrament.* Durch die Kombination mit dem *Wort* kommt als Ort für das *Sakrament* nun die „Messe" in den Blick, und damit der Empfang (und nicht die Verehrung) der Eucharistie.

Im katholischen Bereich ist das Lied in der Barockzeit relativ weit verbreitet; es findet Aufnahme im „Geistlichen Psälterlein" (Köln 1747), einem Jesuiten-Gesangbuch, das fast 200 Jahre lang in immer neuen Auflagen erschien. In der Aufklärung verschwindet das Lied und wird erst durch die Restaurationsgesangbücher von Heinrich Bone „Cantate" (1847) und Guido Maria Dreves „O Christ hie merk" (1885) wiederentdeckt. Seinen Durchbruch hat es mit der wirkungsgeschichtlich bedeutsamen Sammlung „Kirchenlied" (1938), 1947 kommt es in den Kanon der „Einheitslieder" und damit in die Nachkriegsgesangbücher. GL1 (1975) und GL2 (2013) haben es in der Ö-Fassung.

Die evangelische Rezeption beginnt breitflächig mit Heinrich August Hoffmann von Fallersleben, der das Lied in seine Sammlung „Schlesische Volkslieder" (1842) aufnimmt und ihm eine Melodie beigibt, die seiner Angabe nach aus der Grafschaft Glatz (Provinz Schlesien, heute zu Polen gehörig) stammt („Zweite Melodie" in EG 403). Im Vergleich zur westfälischen Handschrift finden sich zahlreiche Textvarianten und vor allem eine geänderte Strophenfolge: Str. 2 (*All die Schönheit*) wird als eine Art Zusammenfassung vor die Schlussstrophe gesetzt; als 2. Strophe erscheint hier eine bisher unbekannte Naturstrophe (wie EG 403,2). Str. 3 (*Mond, Sonne, Sterne*) hat einige Textvarianten, Str. 4 (*Blumen/Menschen*) entfällt, die Schlussstrophe verliert ihren Bezug zur Eucharistie und wird in der Folgezeit ganz verschwinden. Die evangelische Fassungs-Tradition formiert sich ausgehend von Fallersleben relativ bald und bleibt weitgehend stabil: Das Dresdener Gesangbuch von 1883 bringt unter der Rubrik „Geistliche Volkslieder" Nr. 17 (703) eine fünfstrophige Version, die bis auf kleinere Textvarianten schon die heutige EG-Fassung ist: Auf die erste Strophe folgt als zweite die Naturstrophe (*Wälder/Felder*), als dritte der Vergleich mit *Sonne/Mond*, Str. 4 ist der (bei Fallerleben nicht tradierte) Vergleich mit *Blumen/Menschen*, die letzte Strophe bildet die ursprünglich zweite Strophe (*All die Schönheit*), die nun eine gelungene Schlusspointe hinter alle Vergleiche setzt: *Keiner soll werden / lieber auf Erden / als der allerschönste Jesu mein.* Weitere wichtige Stationen der Traditionsgeschichte sind das Straßburger Gesangbuch von 1899, das nun beide Melodien, die Münsteraner und die Glatzer, nebeneinander stellt, sowie das Deutsche Evangelische Gesangbuch von 1915 und

[8] Auch die katholische Theologie anerkennt spätestens seit dem II. Vatikanum eine analoge Weise der Gegenwart Christi im verkündeten Wort der Heiligen Schrift und im Sakrament der Eucharistie. In der Verlautbarung „Nachsynodales Apostolisches Schreiben *Verbum Domini* von Papst Benedikt XVI. über das Wort Gottes im Leben und in der Sendung der Kirche" (Verlautbarungen des Apostolischen Stuhls Nr. 187, hg. vom Sekretariat der Deutschen Bischofskonferenz, Bonn 2010), das auf die XII. Ordentliche Generalversammlung der Bischofssynode vom 5.–26. Oktober 2008 in Rom Bezug nimmt, heißt es nach einer längeren Reflexion ausdrücklich: „Die Sakramentalität des Wortes lässt sich so in Analogie zur Realpräsenz Christi unter den Gestalten des konsekrierten Brotes und Weines verstehen."

1926, die das Lied mit der „Glatzer Melodie“[9] jeweils in den Anhang (Nr. 361) aufnehmen. Von dort aus findet es seinen Weg in die Gesangbücher der Zwischenkriegszeit (Halle 1933; Darmstadt 1935; Kassel 1935). Das etwas puritanische EKG (1950) verschmäht es zwar, doch findet es in alle Regionalteile Eingang. Das EG übernimmt es, wie fast alle gegenwärtigen Gesangbücher, in den Stammteil.

Ansgar Franz

Die beiden Melodien sind fast ausschließlich jeweils in einem der beiden konfessionellen Räume rezipiert worden. Die Melodie aus dem Gesangbuch Münster 1677, die als ökumenisch anerkannte in zwei der drei AÖL-Publikationen, GKL (1973, Nr. 67) und LbR (1983, Nr. 206), geboten wird, steht von Anfang an in katholischen Quellen und wird erst 1899 als Zweitmelodie ins evangelische Elsäßisch-lothringische Gesangbuch (Straßburg) aufgenommen.

Die schlesische Volksweise dagegen ist zwar auch katholischen Ursprungs, wenn Hoffmann von Fallersleben sie – wie den Text – in der katholischen oberschlesischen Grafschaft Glatz kennen gelernt hat. Jedoch verbreitete sie sich ab der zweiten Hälfte des 19. Jh. im evangelischen, hauptsächlich freikirchlichen Bereich, was wohl auf ihre Aufnahme in die Große Missionsharfe (Gütersloh 1833) zurückzuführen ist. Theophil Bruppacher zählt zehn Belege aus freikirchlichen Sammlungen zwischen 1931 und 1959 auf.[10] In der freikirchlich orientierten Internet-Liederdatenbank werden ebenfalls zahlreiche Sammlungen aus diesem Bereich angegeben.[11] Auf katholischer Seite stellt das Gesangbuch für die Grafschaft Glatz einen Sonderfall dar.[12] Es enthält die schlesische Melodie, offenbar mit Rücksicht auf die lokale Singtradition.

Die „katholische“ (und ökumenische) Melodie ist in ihrem Aufbau durch die Dur-Moll-Polarität bestimmt. Zeile 1 bewegt sich im Raum der Moll-Grundquinte, erweitert um den unteren Leitton. Zeile 2 liegt eine Terz höher im Bereich der Quinte der Durparallele. Die fallende Quinte zu Beginn beider Zeilen schafft sogleich Klarheit über den tonalen Raum. Ebenfalls im Dur-Bereich liegt Zeile 3, jedoch ohne den Quintton selbst, wodurch die tonale Zuordnung labil wird. Ihr Schlusston ist der Terzton (d. h. ein melodischer Dominantton) der Durparallele und zugleich der Quintton (d. h. ein melodischer

[9] Hier verzeichnet mit „Nach W. A. Mozart, 1842“.

[10] Theophil Bruppacher, Was töricht ist vor der Welt. 48 Gemeinschaftslieder erläutert, Bern 1959, 214–221.276.

[11] www.liederdatenbank.de/song/353. Der Aufruf am 20.5.2016 ergab (außer EG und GL) 17 Titel aus den letzten Jahrzehnten.

[12] Zu den Glatzer Gesangbüchern vgl. Kurt Küppers: Diözesan-Gesang- und Gebetbücher des deutschen Sprachgebietes im 19. und 20. Jahrhundert. Geschichte – Bibliographie, Münster/Westfalen 1987, 88. Das bei Bäumker (B IV, S. 568 und 268f) genannte Gesangbuch ist die „vermehrte und verbesserte“ dritte Auflage von 1894 (dort Nr. 132). Bäumker hatte von der ersten (1879) und der zweiten (1883) Auflage keine Kenntnis, so dass nicht festzustellen ist, wann das Lied ins Gesangbuch aufgenommen wurde.

und harmonischer Dominantton) der Molltonika; somit bildet er das Scharnier für die Rückkehr der Zeile 4 in den Mollbereich. Diese letzte Zeile, die heute mehr ein ruhiges Ausklingen darstellt, war im Original weiträumiger angelegt und sorgte mit großen Intervallen für einen expressiven Schluss:[13]

Die heutige Form greift mit dem Aufstieg vom Leitton zur Quarte die erste Zeile auf und rundet die Melodie formal ab. Die musikalische Form ist gegenüber der Strophenform des Textes selbständig. Während der Text aus unterschiedlich langen Zeilen besteht (Silbenzahl: 11.7.10.7), sind die vier Melodiezeilen alle vier Takte lang, da bei den kürzeren Zeilen 2 und 4 die kleinere Silbenzahl durch Ligaturen und längere Noten kompensiert wird. Dadurch entsteht eine einfache Symmetrie, entsprechend der klassischen Periodik, die zum klaren und einfachen Tonartenplan passt. Die vier viertaktigen Perioden bilden zudem einen übergeordneten formalen Rhythmus: Auf die raschere Textdeklamation in der ersten und dritten folgt in der zweiten und vierten ein langsamerer Textfortgang. Auch sind die erste und die dritte Melodiezeile – unterstützt durch die Textgliederung – deutlich zweigeteilt, die zweite und die vierte Zeile sind dagegen als einheitliche Bogen gestaltet. Deswegen allerdings die Strophe als sechszeilig zu interpretieren (5.6.7.5.5.7), wie Johannes Zahn dies tut, ist weder durch das Reimschema des Textes gedeckt noch aus Sicht des Melodieverlaufs zwingend, wie die beschriebene Tonartenverteilung zeigt.

Der für die Melodie aus Münster beschriebene Formausgleich ist in der ältesten Quelle (und in der in RG übernommenen Fassung) der „schlesischen" Melodie nur zur Hälfte vorgenommen, nämlich in Zeile 3 (entsprechend der Zeile 2 der Münsteraner Melodie, da hier die erste und die dritte Textzeile melodisch in je zwei Kurzzeilen aufgeteilt sind, so dass die Melodie sechszeilig wird). In Zeile 6 dagegen wird das Deklamationstempo nicht reduziert, so dass sie nur drei statt vier Takte umfasst. Dass diese Asymmetrie als störend empfunden wurde, zeigt eine bei Zahn für die vierte Zeile als „Verbesserung" mitgeteilte Variante von 1858:[14]

[13] Z II,3975, hier von a- nach e-Moll transponiert. In den „Einheitsliedern der deutschen Bistümer" (1947, Nr. 51) war bereits eine vereinfachte Umgestaltung abgedruckt; die heutige Fassung (erstmals gedruckt in GKL 1973) geht auf die Vorarbeiten für das GL1 zurück (vgl. RGL1, 734), das sich seinerseits stark an die melodisch schlichte, rhythmisch differenziertere Melodiefassung aus einer Handschrift von 1682 (Trier) zum Text *Salve Antoni, dulcis vena boni* anlehnt (B I,421, S. 741; Nachtrag zum Bd. II).

[14] Z II,3976 nach Gerhard Stip, Liedersegen für unsere Kinder in der Heimat und in der Fremde mit Singweisen, Schlawitz, Berlin 1858 (Z VI, Quellen-Nr. 1288). Hier von F nach Es transponiert.

Dieselbe Variante steht auch im Glatzer Gesangbuch (sicher ab 1894, s. Anm. 12), so dass die Möglichkeit nicht ganz ausgeschlossen werden kann, dass Hoffmann von Fallersleben 1842 eine verkürzte Fassung gehört und notiert hat. Die EG-Fassung nimmt durch die gleiche Verlängerung der ersten drei Noten in Zeile 6 den Formausgleich auf ihre Weise vor. Die von Zahn vermutete Verwandtschaft der Melodie mit einer bei J. G. Schicht 1819[15] überlieferten „Schweizer geistliche(n) Melodie" zum Lied *Heilge Liebe! Himmelsflamme!*[16] beschränkt sich auf die (nach heutiger Notierung) ersten vier Takte und ist ziemlich sicher auszuschließen. Ebenso wenig leuchtet Nelles Behauptung ein, die Melodie stelle eine Vereinfachung des „Andante sostenuto" aus Mozarts „Sonate für Violine und Klavier B-Dur" dar.[17] Weder das „Andantino sostenuto e cantabile" aus der Sonate KV 378 (317d) noch das „Andante 2" aus der Sonate KV 454 kommen als – auch nur entfernte – Vorlage in Frage. Ebenfalls ins Reich der Legende gehört die im 19. Jh. vertretene Meinung, das Lied stamme aus der Zeit der Kreuzritter;[18] gestützt darauf hat Franz Liszt sie in seinem Oratorium „Die Legende von der heiligen Elisabeth" (hg. 1868) als Marsch der Kreuzritter verwendet.[19] Dementsprechend trägt die Melodie im englischsprachigen Kirchengesang die Bezeichnung „St. Elizabeth". Schließlich nennt das Gnadauer Gemeinschaftsliederbuch 1995[20] an erster Stelle (vor dem Hinweis „Glatz vor 1842") einen Christian Ernst Graf (1766); ob der in der Hofkapelle Rudolstadt tätige thüringische Komponist (1723–1804 oder 1726–1803) als Autor tatsächlich in Frage kommt, ist derzeit nicht verifizierbar.

Wie die Münsteraner Melodie ist auch die schlesische strikt im tonalen Schema geformt, aber nicht in der Dur-Moll-Polarität, sondern durchgehend im Dur-Bereich. Der Formaufbau ist gesteuert durch die Anfangstöne der Halbzeilen (in unserer Notierung jeweils zwei Takte). In der ersten Hälfte steigen sie durch den Grunddreiklang auf; die Melodiemitte kadenziert auf einem Halbschluss. In der zweiten Hälfte erfolgt der Abstieg von der Quinte aus.

Ob man von einer „Volksweise" sprechen soll, nur weil der Autor der Melodie nicht bekannt ist, muss bezweifelt werden. Die Melodie zeigt in ihrer Symmetrie, Übersichtlichkeit und selbstverständlichen Tonalität alle Merkmale des „Volkston-Programms" um 1800: Nach einem mehr konstruierten als historisch begründeten Ideal von Volkstümlichkeit schufen Komponisten damals Melodien, die ihrerseits wieder die Vorstellung, wie ein Volkslied zu tönen habe,

[15] Johann Gottfried Schicht, Allgemeines Choral-Buch für Kirchen, Schulen, Gesangvereine, Orgel- und Pianofortespieler. Erster Teil, Leipzig 1819 (Nr. 783).

[16] Z II,3978; kritisch dazu Bäumker IV,184 II (S. 569).

[17] Nelle 1918, 346f.

[18] Bruppacher 1959, 219. Auf die falsche Herleitung wiesen bereits Erk/Böhme (aaO., 715) hin. Ebenso Julian ^{2}1907, Sp. 1016.

[19] B IV,184 (S. 569).

[20] Jesus – unsre Freude. Gemeinschaftsliederbuch, hg. vom Evangelischen Gnadauer Gemeinschaftsverband e. V., 2. Aufl. Dillenburg 1995, Nr. 18.

wesentlich beeinflussten.[21] Solche Melodien sind leicht zu erfassen und gut zu behalten, was in manchen Fällen ihre weite Verbreitung ermöglicht und sie dadurch tatsächlich zu „Volksliedern" im Sinne der Rezeptionstheorie gemacht hat. Diese versteht darunter Lieder, die in verschiedenen gesellschaftlichen Gruppen und Kontexten gesungen werden, ohne dass sie von einer zentralen Instanz (wie Kirche oder Schule) gesteuert sind. Dies wiederum kann das Misstrauen eben jener Instanzen wecken und führte dann und wann dazu, dass diese Lieder in den „Giftschrank" der nicht für den liturgischen Gebrauch geeigneten „geistlichen Volkslieder" ausgelagert wurden wie in dem erwähnten Deutschen evangelischen Gesangbuch.[22]

Andreas Marti

[21] Weitere Melodien aus diesem Stilbereich sind z. B. *Der Mond ist aufgegangen* (EG 482), *So nimm denn meine Hände* (EG 376).

[22] Deutsches evangelisches Gesangbuch für die Schutzgebiete und das Ausland, hg. vom Deutschen Evangelischen Kirchenausschuss, Berlin 1915, Nr. 361; noch deutlicher in der DEG-Ausgabe für Brandenburg und Pommern 1931, wo *Schönster Herr Jesu* mit beiden Melodien geboten wird und mit einem Stern im „Verzeichnis der Singweisen" als „nicht im Hauptgottesdienst zu verwenden" markiert ist (Nr. 554 mit der schlesischen Melodie, im Melodien-Anhang Nr. 8 zusätzlich die Münsteraner Melodie).

409 Gott liebt diese Welt

EG 409ö GL2 464ö RG 279ö KG 709ö CG 877ö EM 40ö

Text

Verfasser Walter Schulz **Entstehung** 1962 für einen Jugendgottesdienst **Quellen** (a) *Sing mit II,* Gelnhausen/Berlin 1964 (Str. 1-5.7.8) * (b) *Schalom,* Gelnhausen/Berlin 1971 (Str. 6) **Überschrift** (a) *Vom Christsein* **Strophenbau** 5/3a 6/3b-5/3a 6/3b- 5/3a **Abweichung** (a+b) 5,4 *sein Reich zu ererben* **Verbindung TM** wie EG

Melodie

Incipit 3b_1_-6b_-7b_1_ 1._23b_4_5_ 4_ **Verfasser** Walter Schulz **Entstehung** s. o. **Quellen** s. o. **Ambitus** G: 7; Z: 744 **Abweichungen** (a+b), GL2, RG, KG, CG, EM: kleine Terz tiefer **Verbindung MT** wie EG

Literatur

HEG II, 289f mit Nachträgen von Wolfgang Herbst in JLH 49 (2010), 218 ** WGL1 III, 159f; RGL1, 666; ÖLK Lfg. 1; ThustB, 355f; ThustL II, 291-293 ** NSKA (1971ff) 8, Nr. 39; Meyer ([2]1997) 260-264 (bes. 260f) ** THUST **1976**, 795 (Nr. 209) * MARTI, Andreas: „Gott liebt diese Welt" (Kumbaya 100), MGD 40 (**1986**) 45-48 * EGERER **2000** * FISCHER, Michael: Gotteslob aus Essigmund. Kirchenlieder der Moderne im Einheitsgesangbuch „Gotteslob", Heiliger Dienst **2000**, 223-235, bes. 230f * WKERNLIEDER **2011**, 139-144

Die acht kurzen Strophen folgen einem strengen Aufbau. Die gleichlautende Anfangs- und Schlussstrophe bildet einen Rahmen um das Lied. Sie hat zudem einen Binnenrahmen: *Gott liebt diese Welt* eröffnet und schließt beide Rahmenstrophen. Diese Hauptaussage des Liedes bildet zugleich den Auftakt aller Binnenstrophen, die credoartig das Heilshandeln Gottes entfalten. Dabei ist das letzte Wort jeder Strophe programmatisch - *Welt.*

Als biblisches Wort steht hinter dem ganzen Lied Johannes 3,16: *Also hat Gott die Welt geliebt, dass er seinen eingeborenen Sohn gab, damit alle, die an ihn glauben, nicht verloren werden, sondern das ewige Leben haben. Gott liebt diese Welt* - seine Welt, die zugleich unsere Welt ist. Es ist Ausdruck des Vertrauens in diesen liebenden Gott, wenn die Gemeinde in Str. 1 singt: *wir sind sein eigen.* Luther erläutert im Kleinen Katechismus zum Credo (II, 2): „... damit ich sein eigen sei und in seinem Reich unter ihm lebe und ihm diene ..."; ähnlich die Frage 1 des Heidelberger Katechismus: „Dass ich mit Leib und Seele, im Leben und im Sterben nicht mein, sondern meines getreuen Heilands Jesu Christi eigen bin ..." *Fürchte dich nicht, denn ich habe dich erlöst; ich habe dich bei deinem Namen gerufen; du bist mein!* (Jes 43,1) Dieser Zuspruch schwingt als Ermutigung mit, Gottes Liebe dort, wo wir gerade sind, weiterzutragen. *Zeigen* ist in seiner Bedeutung vielschichtig. Es reicht vom Nichtverstecken bis zum aktiven Herzeigen. Auch das Modalverb *sollen* lässt Spielräume offen – es umgreift auch die Möglichkeit des Scheiterns. Nicht immer gelingt es, von Gottes Liebe Zeugnis abzulegen.

Die Formulierung *Wohin er uns stellt* ist auf dem Hintergrund der Situation in der damaligen DDR nach der Befestigung der Grenze und dem Bau der Berliner Mauer 1961 zu verstehen. Die Christen mussten lernen, sich in dieser neuen Lage zurechtzufinden, auf Gottes Liebe zu vertrauen und ihren Platz als Zeugen der Liebe Gottes in dieser Umwelt einzunehmen. Darum konnte das Zeugnis nur lauten: Gott liebt auch diese Welt. Denn der Auftrag gilt für *alle Welt* (Mk 16,15). Hier offenbart das Lied eine seelsorgliche Dimension. Auch diese als schwierig erlebte Welt ist nicht dem Wirk- und Machtbereich Gottes entzogen. Auch hier finden Christen ihren Platz. Gott stärkt den Glauben an dem Ort, an dem sich die Gemeinde – *wir* – vorfindet.

Die sechs Binnenstrophen zeichnet aus, dass in ihnen mit äußerster Knappheit und zugleich großer Klarheit die Grunddaten des Handelns Gottes in dieser Welt dargestellt werden. Alles, was Gott in der Welt und für die Welt tut, steht unter dem Vorzeichen seiner Liebe. Wiederum in einer formal strengen Durchführung endet jede Strophe mit einem kurzen Bekenntnissatz.

Gott ist der Schöpfer und sorgt fortwährend für das, was er ins Leben gerufen hat. Darum bekennt die Gemeinde: *Gott gehört die Welt!* (Str. 2) Gott zeigt sich, er handelt mitten in der Welt. Die dritte Strophe redet von der grundlegenden befreienden Heilstat an seinem Volk, dem Auszug Israels aus Ägypten. Wolken- und Feuersäule sind die Zeichen der Führung Gottes durch die Wüste (2. Mose 13,13ff). *Das heilge Zelt*, die Bundeslade mit den Gesetzestafeln, begleitet das Volk und symbolisiert die Gegenwart Gottes (2. Mose 33,7ff; 40,2f.38). Die singende Gemeinde aktualisiert die Erfahrung der Gegenwart Gottes: *Gott ist in der Welt!* Gott tut noch mehr, er führt die Zeitenwende herauf (Str. 4). Den *Dunkelheiten* der Welt setzt er das Licht entgegen (u. a. Lk 1,78; Joh 12,46). Es bleibt der Deutung der Singenden überlassen, die *Dunkelheiten* mit eigenen Erfahrungen zu füllen. Ebenso ist die Formulierung offen für eine theologische Deutung: Zu den Dunkelheiten der Welt gehört auch ihre – und unser aller – Verstrickung in die Sünde. Darum handelt Gott: *im Zenit der Zeiten / kam sein Sohn zur Welt!* Der Sohn Jesus Christus lebt und stirbt uns zugut. Wir gewinnen Anteil am Reich Gottes (Kol 1,12–14; Jak 2,5). So erneuert Gott die Welt (Str. 5). *Christus ist erstanden:/ Leben für die Welt!* – das ist die Botschaft der sechsten Strophe. Gegen alle Mächte, die in Todesbanden festhalten, steht Gottes große Liebe. Die letzte Binnenstrophe blickt voraus auf die Wiederkehr Christi. Welch ein Trost – aller Welt gilt Gottes Liebe. Dann wird es offenbar werden. Alle Not, alles Leid, aller Hass werden durch Gottes Liebe überwunden sein.

Als achte Strophe folgt noch einmal wortgetreu die erste Strophe. Obwohl die Rahmenstrophen im Wortlaut identisch sind, ist ihre Aussage doch differenziert wahrzunehmen. *Wohin er uns stellt, sollen wir es zeigen* – das singt die

Gemeinde nach der Vergewisserung des Glaubens im Durchgang durch die Strophen am Schluss anders als zu Beginn. Die tröstliche Heilsbotschaft ist ihr im Singen selber zugesagt worden. Das Hinweisen auf Gottes Liebe in dieser Welt und für diese Welt - *zeigen* - ist im Glauben verankert und wird konkret.

Das Lied hat seit der Urfassung zwei Änderungen erfahren. Die eine ist die Hinzufügung der Osterstrophe (Str. 6). Dadurch ging der reizvolle Standort der Zeile *im Zenit der Zeiten* in der bis dahin mittleren Strophe verloren (siehe auch Marti aaO.). Die andere Änderung ist durch die Arbeitsgemeinschaft für ökumenisches Liedgut (AÖL) herbeigeführt und erstmalig in den „Gemeinsamen Kirchenliedern", dann im „Gotteslob" gedruckt worden. In Str. 5 hieß es ursprünglich *sein Reich zu ererben*, jetzt *zu des Reiches Erben.* Marti stellt dazu fest, dass dies „besser im Metrum liegt, inhaltlich aber eher blasser ist: Aus dem Vorgang des Ererbens wird der Zustand des Erbe-Seins" (aaO.).

Das Lied eignet sich gut als gottesdienstlicher Credo-Gesang. Sein bekenntnishafter Charakter lädt dazu ein, zwischen den Strophen andere Texte und Meditationen zu sprechen, wie es auch beim Landesjugendsonntag in Güstrow 1962 geschah, für den das Lied von dem damaligen mecklenburgischen Landesjugendpfarrer geschrieben wurde.

ILSABE ALPERMANN / ACHIM GIERING

Dem strengen Formaufbau des Textes folgt auch die Melodie. Die beiden Zeilenpaare 1–2 und 3–4 sind analog gebildet. Die Anfänge der Zeilen 1 und 3 sind identisch, ebenso jene der Zeilen 2 und 4. Die Fortführung zeigt in den Zeilen 1/3 eine spiegelbildliche Entsprechung, in den Zeilen 2/4 eine Versetzung des Schlussschrittes nach unten.

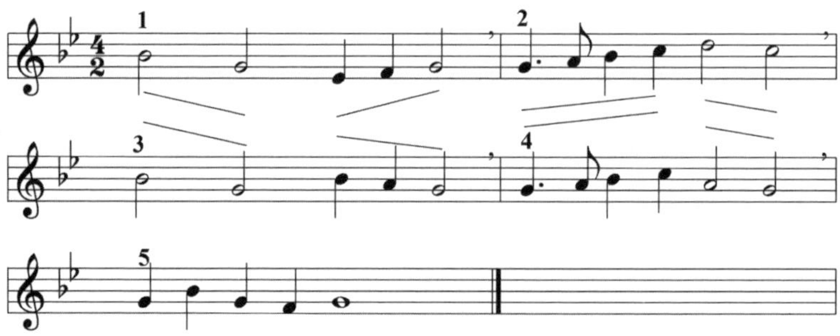

Im syllabischen Ausmessen des Tonraumes zwischen *es* und *b* dienen Verlauf und Zielrichtung ganz der Wort-Ton-Beziehung. Zunächst führt der Aufstieg im Spitzenton *b* zu den jeweiligen Stichwörtern der einzelnen Strophen: *Eigen, Leben, Wolke, Dunkelheiten, Sterben, Todesbanden, wiederkommen.* Nach der angedeuteten Binnenkadenz auf *g* in Zeile 3 beginnt der rhythmisch gleich gebaute Melodieaufschwung von Zeile 4, der in seinem geringeren Ambitus beruhigend zum Schluss führt. Die elementare dorische Schlusskadenz wirkt wie ein markantes „Amen": So ist es! Vergleicht man die erste und letzte Zeile in ihrer melodisch unterschiedlichen Gestik, zeigt sich dennoch ein feinsinnig erdachter Zusammenhang: Der Schluss ist eine prägnante, bekenntnishafte Zusammenfassung der jeweiligen Strophe und damit eine Bestätigung dessen, was das Incipit ankündigt. Den Bogenschlag zum Beginn verdeutlicht der fünfmalige gleiche Beginn mit dem Wort „Gott" in Zeile 1 und Zeile 5 (Str. 1–3.5.8). Als Ganzes ist die Melodie kaum tonartlich festzulegen. Sie beginnt scheinbar mit dem Dur-Akkord auf *es* und zitiert dabei – beabsichtigt oder nicht – den Beginn von Psalm 47 aus dem Genfer Psalter (RG 33). Dann aber führt die Tonfolge *g-a-b* in Zeile 2 in den Quintraum von g-Moll und ins Spiel mit kirchentonartlichen Elementen im Sinne eines plagalen, hypoäolischen Modus.

Andreas Marti

426 Es wird sein in den letzten Tagen

EG 426ö RG 861ö GL2 549ö EM 665ö

Text

Verfasser Walter Schulz **Entstehung** 1963; 3. Str. 1987 überarbeitet (s. Kommentar) **Vorlagen** Jes 2,2–5; Mi 4,1–3 **Quellen** (a) *Schöne Musika. Blatt 292,* Berlin/Gelnhausen 1965 * (b) *EVANGELISCHES GESANGBUCH. Vorentwurf,* Hannover 1988 **Strophenbau** 9/4a- 8/4b 9/4a- 9/4b 8/4c- A6/3d 8/4c- A7/3d R: 4/2x_1 9/4x_2 **Abweichungen** (a) vgl. Möller 1997, 244 **Verbindung TM** (a) Joseph Michel 1964 * (b) wie EG * Manfred Schlenker 1984 (andere Melodie als die im EG) * Walter Schulz 1985

Melodie

Incipit 5_5 8887b_6b 5_3b **Verfasser** Manfred Schlenker **Entstehung** 1985 **Quelle** *50 Chorlieder* (Manfred Schlenker), Leipzig 1987 **Ambitus** G: 10; Z: 67b67b6587b3b6 (3b6) **Abweichungen** Terz höher; mit 4st. S * EM: mit 4st. S (Manfred Schlenker 1999; M wie EG) **Verbindung MT** wie EG

Literatur

HEG II, 275f.289f mit Ergänzung in JLH 49 (2010) 218 ** ThustB, 365; ThustL II, 319–322 ** Meyer (^{2}1997) 235–246 (bes. 241–243). 260–264 (bes. 261); NSK 3 (1996) 2.15–17; RößlerL (^{2}2001) 989 ** SCHULZ, Walter/ SCHLENKER, Manfred: Es wird sein in den letzten Tagen, WEG 2 (**1994**) 35–38 * GIERING, Achim: Schwerter zu Pflugscharen. „Es wird sein in den letzten Tagen ...“, Chl 48 (**1995**) 463–465 * SCHULZ, Walter: Es wird sein in den letzten Tagen, in: Möller **1997**, 242–245 * HENKYS, Jürgen: „Da pacem, Domine, in diebus nostris“. Friede als Thema des Kirchenliedes, in: Henkys **1999**, 219–231, bes. 227–230 * HANDT, Hartmut, „Es wird sein in den letzten Tagen“, in: Hartmut Handt und Armin Jetter (Hg.), Voller Freude. Liedandachten zu den Sonntagen und Festen des Kirchenjahres und zu besonderen Anlässen, München **2004**, 58–60 * FRANZ, Ansgar: „Weißt du, wo der Himmel ist?“ Himmelsvorstellungen im Kirchenlied, in: Der Himmel – Jahrbuch für Biblische Theologie 10, Neunkirchen-Vluyn **2005**, 381–411, bes. 401–404.

1963 begegnete Walter Schulz, der damalige mecklenburgische Landesjugendpfarrer, bei einer Dienstreise in die USA dem Denkmal „Umschmieden der Schwerter zu Pflugscharen“. Die Bronzeskulptur wurde der UNO 1959 von der Sowjetunion geschenkt und befindet sich noch heute vor dem Hauptquartier in New York. Schulz ließ sich davon anregen und dichtete einen Text im Kontext der brisanten Weltlage mit Kaltem Krieg und Kubakrise. Das Lied wurde damals noch nicht sehr bekannt. In den 80er Jahren gewann die Thematik „Schwerter zu Pflugscharen“ durch die Friedensbewegung in der DDR neue Aktualität[1].

[1] Das Denkmal und die Umschrift „Schwerter zu Pflugscharen“ mit dem Hinweis auf Micha

Auf Anregung der Gesangbuchausschüsse zur Vorbereitung des EG wurde der Text überarbeitet und von Manfred Schlenker mit einer neuen Melodie versehen.

Die prophetische Schau der Völkerwallfahrt zum Zion aus Jesaja 2,2–5 (vgl. den fast übereinstimmenden Text Micha 4,1–5) ist der Ausgangspunkt des Liedes. Die erste Strophe entfaltet diese biblische Vorstellung und setzt doch eigene Akzente im zweiten Teil: Die Völker kommen aus den vier Himmelsrichtungen *von Ost, West, Süd und Nord.* Sie wurden in der ursprünglichen Fassung des Textes schlicht im Uhrzeigersinn genannt. Unter dem Eindruck der Verschärfung der politischen Konflikte (Ost-West und Nord-Süd) in der zweiten Hälfte des 20. Jh. veränderte der Autor die Reihenfolge der Himmelsrichtungen zur polaren Anordnung. Die Voraussetzungen derer, die da kommen, sind verschieden, hier mischen sich *die Gott Fernen und die Frommen.* Alle aber haben ein gemeinsames Ziel. Sie kommen, um *zu fragen nach Gottes Wort.* Die direkte Rede in Jesaja 2,3 ... *dass er uns lehre seine Wege und wir wandeln auf seinen Steigen* ist der indirekten gewichen. Dafür gewinnt die Aussage an Prägnanz und wird zugleich durchsichtig auf die Gegenwart hin: Dass die *Gott Fernen und die Frommen ... nach Gottes Wort fragen*, ist ja keine Endzeitvision, sondern Notwendigkeit und realistische Möglichkeit heute. So richtet sich der Refrain an uns Heutige: *Auf, kommt herbei, lasst uns wandeln im Lichte des Herrn!* In Jesaja 2,5 wird das Haus Jakob gerufen. Im Lied bleibt in der Schwebe, wer hier eigentlich wen anspricht und aufruft. Es erschließt sich aus der Situation des Singens. Die singende Gemeinde ruft andere herbei und schließt sich mit denen, die kommen, zusammen: *Lasst uns wandeln im Lichte des Herrn.*

Die zweite Strophe wiederholt in den Zeilen 1,2 und 3a den Beginn der ersten Strophe; nur das Verb *gesehn* wird durch *geschaut* ersetzt. Diese kleine Veränderung ist einerseits dem Reim geschuldet, aber sie bewirkt auch Aufmerksamkeit. So wird nicht einfach nur wiederholt *Es wird sein in den letzten Tagen*, sondern die Aussage wird intensiviert, die Hoffnung bestärkt, die Dynamik des Geschehens vorangetrieben. Die Textgrundlage dieser Strophe ist V. 4. Die Formulierung *da wird niemand Waffen mehr tragen,/ deren Stärke er lange vertraut* ist jedoch eine sinngemäße Übertragung und in Gedankengang und Wortwahl beeinflusst von der aktuellen Situation der Hochrüstung zwischen Ost und West in den 80er Jahren des 20. Jh. In dieser allgemein als bedrängend und bedrohlich empfundenen Weltlage mit ihrer scheinbaren Ausweglosigkeit gilt es, die Hoffnung und Gewissheit des Glaubens festzuhalten: *Gott wird seine Welt bewahren / vor Rüstung und Spieß und Speer.*

Es wird sein in den letzten Tagen, so hat es der Prophet gesehn/geschaut ... Die biblische Gewissheit lässt sich nicht einfach als eigene Glaubensgewissheit für heute übernehmen. Die dritte Strophe setzt mit einer Frage ein. Kann es wahr werden? Wird sich das Wort des Propheten bewähren? In der Frage des Liedes

4,3 fanden in einem Lesezeichen aus Vlies Verwendung, das von vielen jungen Leuten als Aufnäher sichtbar getragen wurde – ein Bekenntnis gegen den Krieg, das zugleich als Kritik am autoritären Staat verstanden wurde.

werden die Zeitebenen miteinander verschränkt und so aufeinander bezogen: *Kann das Wort von den letzten Tagen* (eschatologische Zukunft)/ *aus einer längst vergangnen Zeit* (historische Vergangenheit des Propheten) / *uns durch alle Finsternis tragen* (Gegenwart der Gemeinde heute) / *in die Gottesstadt, leuchtend und weit?* (eschatologische Zukunft). Es ist die Frage, die unseren Glauben immer begleitet - die Frage, ob sich erfüllen wird, was uns verheißen ist. Uns bleibt nichts anderes, als in das Glauben und Hoffen der Glaubenszeugen einzutreten. Der Autor ruft uns auf den Weg *des* Glaubenszeugen schlechthin. Auch hier verschränkt er wieder die Zeitebenen: *Wenn wir heute mutig wagen,* (Gegenwart)/ *auf Jesu Weg zu gehn,* (Rückgriff auf den vergangenen, aber vorbildlichen Weg Jesu) / *werden wir in unsern Tagen* (Hoffnung und Gewissheit für die Gegenwart)/ *den kommenden Frieden sehn* (eschatologische Zukunft ragt in unsere Gegenwart hinein).

Der Refrain, der, jeweils zweimal gesungen, alle drei Strophen des Liedes beschließt und verbindet, unterscheidet sich durch die direkte Anrede an die Singenden von den Strophen. Die Gewissheit, die durch den Propheten vermittelt zu uns gekommen ist (Str. 1 und 2), und die bange Frage (Str. 3) weichen dem Eintreten in die Wirklichkeit Gottes hier und jetzt. Der Glaube ergreift im Heute die Gegenwart Gottes als eine Realität, die verändernde Kraft entfaltet: *Lasst uns wandeln im Lichte des Herrn!*

Ilsabe Alpermann

Lange vor den DDR-staatlichen Maßnahmen gegen die kirchliche Bewegung „Schwerter zu Pflugscharen" schrieb Walter Schulz angesichts der bedrohlichen Wiederaufrüstung der Großmächte im Jahre 1963 diesen Text als Hoffnungsaufruf. In den unruhigen 80er Jahren, als die widerständige „Friedensbewegung" weit über die Kreise der Kirche hinausging, spielte er dann zwar keine große Rolle mehr; er geriet jedoch bei der Suche nach zeittypischen qualitätvollen Texten erneut in das Blickfeld. Angesichts ständig neu entflammender Kriegsfelder erscheint die Vermittlung der Jesaja-Vision wichtiger denn je.

Um jegliche Militanz auszuschließen, schwingt die Melodie im 6/4-Takt. Diese Dreierbewegung gestattet zugleich, die Zeilen drei und vier dem Verlauf der Zeilen eins und zwei durch kaum spürbare Repetitions-Änderungen so weit anzunähern, dass sie wie eine Wiederholung des ersten Stollens wirken. Dadurch wird die Weise kürzer und übersichtlicher. Das Strophenschema ist ungewöhnlich; die Silbenzahlen der zehn Zeilen sind sehr unregelmäßig: 9/8/9/9/8/6/8/7/4/9, noch dazu mit wechselnden Betonungen. Der Autor nennt den Text sinngemäß „gereimte Prosa". Für den Melodisten ein zwar eigenartiges, aber anregendes Schema!

Die Weise wird beherrscht von der auftaktigen Ruf-Quarte: Propheten-Rede! Sie kehrt sechsmal wieder. Der Höhepunkt wird erreicht durch die übersteigernde Kleinterz Z. 5: *Und die Völker* ... Hier setzen zwei Hemiolenbildungen ein: 6/4 = 3/2, welche den schon lange anhaltenden Dreierschwung zügeln sollen. In diesem Zusammenhang sind sie jedoch nicht als Groß-Dreiertakte zu empfinden, sondern im Grundschlag quasi als Synkopen. – Am Ende der Z. 5 wird ein neuer Klangraum aufgetan: Moll-Dominante. Z. 6, zunächst Wiederaufnahme von Z. 1, durchläuft dann einen weiteren neuen Klangraum: Moll-Subdominante. Z. 7 stellt nun tatsächlich die Reprise von Z. 1 dar. In Z. 8 ein weiteres neues Element: die vollständige melodische Moll-Tonleiter mit erhöhter Sext und Sept – Ende der Strophe, die eventuell nur von einer Einzelstimme oder von einer Singgruppe vorgetragen wird. Der knappe Kehrvers fordert nun alle zum Mitsingen auf, wurden doch seine beiden Motive bereits vorgesungen: der Terzaufruf (Z. 9) in Z. 5, der Ausschnitt aus der melodischen Moll-Tonleiter (Z. 10) in Z. 8! Im Schwung des wiederholten Kehrverses empfindet man kaum die Gefährlichkeit dieses Schlusses: Im Raum der großen Sext läuft eine Ganztonleiter über fünf Tonschritte!

Es geschieht nichts Neues unter der Sonne. Kenner bemerken natürlich in dieser Weise eine gewisse Nähe zu Johann Schops Melodie *Sollt ich meinem Gott nicht singen* (EG 325): Die Länge von zehn Zeilen mit Wiederholung des ersten Stollens; der gleichbleibende Kehrvers mit dem gewagten Gang durch Melodisch-Moll; der schwingende 6/4-Rhythmus, den Schop allerdings in Z. 2 mit einer echten Synkope ausstattet; das zwischen dorisch und Moll schwankende Melos; der Umfang: Mollterz über Oktavraum.

Manfred Schlenker[2]

[2] Der Kommentar zur Melodie ist mit kleinen Änderungen übernommen aus Meyer 1997, 241f.

523 Valet will ich dir geben

EG 523 RG 775 (nur Str. 3)

Text

Verfasser Valerius Herberger **Entstehung** 1613 **Vorlagen** Str. 4: Joh 19,34; Str. 5: Offb 3,5; 1. Sam 25,29 **Quelle** *Der Dritte Theil der Geistlichen Trawrbinden* (Valerius Herberger), Leipzig 1614 (DKL 1614[10]) **Überschrift** *VALET VALERII HERBERGERI, Das er der Welt gegeben, Anno 1613, im Herbst – da er alle stunden den Tod für augen gesehen, aber dennoch gnediglich, vnd ja so wünderlich als die drey Männer im Babylonischen Fewrofen erhalten worden. Te IESU sitio, Terram detestor iniquam. O coelum salve: Munde maligne VALE* **Ausgabe** FT I,125 **Besonderes** Akrostichon: VALE-R-I-V-S **Strophenbau** A7/3a- A6/3b, A7/3a- A6/3b, A7/3c- A6/3d A7/3c- A6/3d Frank 8.7 ‚Hildebrandston' **Abweichung** 2,6 mein *blöden* muth **Verbindung TM** in der Q: Z III,5403 (Alternativmelodie in DKL 1614[10], Teil III) * Z III,5404b (DKL 1719[14]) * Z III,5405 (DKL 1692[12]) * Z III,5406 (DKL 1648[16]) * Z III,5407 (DKL 1719[16])

Melodie

Incipit 1_ 5567 8_8 **Verfasser** Melchior Teschner **Vorlage** Laut Fornaçon 1957 diente die Melodie des dritten Psalms des Genfer Psalters (DKL III/2, Fa3A; Z V,8234) als Vorlage. **Quelle** *Ein andechtiges Gebet/ damit die Evangelische Bürgerschafft zur Frawenstadt* [...] *Gott dem HERRN das hertz erweichet hat* [...] (Valerius Herberger), Leipzig 1614 (DKL 1614[10], Teil III) **Ausgaben** Z III,5404a; B IV,327 **Ambitus** G: 10; Z: 85(85)6444 **Abweichungen** Q: ¢; Ganzton höher; Z. 7 u. 8 werden wiederholt * RG: Ganzton höher, mit 4st. S (Tescher 1614/1891) **Verbindung MT** in der Q wie EG * *Den Herren will ich loben* (GL2 395/ KG 760) * *Der du in Todesnächten* (EG 257/ EKG 222) * *Du öffnest, Herr, die Türen* (RG 188/ KG 37/ EM 521) * *Ist Gott für mich, so trete* (RG 656) * *Laß mich dein sein und bleiben* (EG 157/ EKG 140/ EM 490) * *Laßt uns den Engel preisen* (GL 607/ KG 782) * *O Gott, nimm an die Gaben* (GL 468/ KG 99) * *Wie soll ich dich empfangen* (RG 367) * *Ermuntert euch, ihr Frommen* (EKG 122) * *Christ, laß dich nicht betrüben* (EKG-Regionalteil Pfalz 404)

Literatur

HEKG (Nr. 318) I/2, 473f; III/2, 347–352; Sb 496–500; HEG II, 143.322f, mit Ergänzungen von Wolfgang Herbst in JLH 42 (2003) 200f und 45 (2006) 218 * ÖLK Lfg. 3 (2004) Melodiekommentar zu *Wie soll ich dich empfangen*; ThustB, 430; ThustL II, 511–514 ** Koch ([3]1866–1877) VIII, 537–546; KLL (1878–1886) II, 289f; EEKM (1886–1895) III, 730–733; Nelle ([3]1924/1962) Nr. 480; Schlunk (1951) 332 ** FORNAÇON, Siegfried: Melchior Teschner, MuK 27 (**1957**) 234f * PIPER, Hans-Christoph: Ars moriendi und Kirchenlied, JLH 19 (**1975**), 105–122 * RÖSSLER, Martin: Bibliographie der deutschen Liedpredigt, Nieuwkoop **1976**, 272 * MÜLLER-SCHWEFE, Hans-Rudolf: Valet will ich dir geben – EKG 318, in: Horst Nitschke, Aus dem Gesangbuch gepredigt, **1981**, 95–99 * SAUER-GEPPERT **1984**, 21.86f.126.132 * KEMPER, Hans-Georg: Deutsche Lyrik der frühen Neuzeit, Bd. 2: Konfessionalismus, Tübingen **1987**, 245f * SCHOTT, Christian-Erdmann: Die Herberger-Renaissance im 19. Jahrhundert, Jahrbuch für schlesische Kirchengeschichte 66 (**1987**) 127f * KADELBACH, Ada: Das Akrostichon im Kirchenlied. Typologie und Deutungsansätze, JLH 36 (**1996/1997**) 175–207 * MARTI, Andreas: Aspekte einer hymnologischen Melodieanalyse, JLH 40 (**2001**) 156f * DERS.: Singen - Feiern - Glauben. Hymnologisches, Liturgisches und Theologisches zum Gesangbuch der Evangelisch-reformierten Kirchen der deutschsprachigen Schweiz, Basel **2001**, 137 * JORDAHN, Ottfried: Sterbe- und Begräbnislieder, in: Liturgie im Angesicht des Todes. Reformatorische und katholische Traditionen der Neuzeit, Teil I, hg. von Hansjakob Becker u. a., Tübingen / Basel **2004**, 259 * LORBEER, Lukas: Die Sterbe- und Ewigkeitslieder in deutschen lutherischen Gesangbüchern des 17. Jahrhunderts, Göttingen **2012**

Ähnlich wie die nur wenig älteren Lieder von Philipp Nicolai ist das Sterbelied *Valet will ich dir geben* während einer Pestzeit entstanden.[1] Die Seuche wütete seit 1613 im schlesischen Fraustadt und forderte mehr als 2000 Todesopfer. Der Autor Valerius Herberger (1562–1627) war in Fraustadt als Sohn eines „Kürschners und Poeten" geboren und aufgewachsen; nach dem Theologiestudium in Frankfurt/Oder und Leipzig amtierte er seit 1590 in seiner Heimatstadt als Diakonus (Stadtpfarrer). Mit dem 1613 entstandenen Lied *Valet will ich dir geben* begründete er seinen Ruhm als Pestpfarrer von Fraustadt. Einen Pesttoten nach dem anderen hat Herberger zu Grabe getragen. Von der Seelsorge an den Pestkranken ließ er sich nicht abhalten; er selbst blieb von der Erkrankung verschont. Die Situation in der Stadt zur Zeit der Pest spiegelt sich im Text des Liedes selbst nicht ausdrücklich wider. Hinter der Abgrenzung von der „Welt" und der Bezugnahme auf die innere „Not" des Ich verbirgt sich freilich auch die tatsächliche Not in Herbergers Gemeinde, die Herberger auch selbst geschildert hat.[2]

Gedruckt erschien das Lied 1614 im dritten Teil von Herbergers *Geistlichen Trawrbinden*, bereits hier verbunden mit Melchior Teschners Melodie und überschrieben mit einem lateinischen Zweizeiler, der die beiden entgegengesetzten Bewegungen des Textes vorwegnimmt und zusammenfasst:

Te IESU sitio. Terram detestor iniquam.
O cœlum salve: Munde maligne VALE.[3]

Entsprechend steht am Ende des Liedes noch einmal: *Perfide MUNDE VALE: SALVE SALVATOR IESU.* Ein Abschieds- und ein Willkommensgruß stehen sich gegenüber – der Abschied, das *Valet*, an die Welt gerichtet, das *Salve*,

[1] Die „Kette der großen Epidemien mit ihrem Massensterben" und die daraus sich ergebende „seelsorgerische [...] Notsituation" sieht Hans-Christoph Piper überhaupt als „Sitz im Leben" der frühneuzeitlichen Ars moriendi, wie sie sich auch im Kirchenlied ausdrückt (vgl. Piper 1975, 105).

[2] Vgl. HEKG III/2, 348.

[3] Herbergers Biograph Lauterbach übersetzt diese Verse so: *Jesu, du bist mein Verlangen,/ vor der Erde ekelt mir,/ Freudenhimmel, sei gegrüßet,/ arge Welt, nur weg mit dir* (zit. nach HEKG III/2,348).

„Sei gegrüßt", an den Himmel und den Erlöser. Im Text selbst taucht das *Salve* nicht ausdrücklich auf, ist aber der Sache nach vorhanden - nicht zuletzt durch Anspielungen auf das Passions-Salve des Arnulf von Löwen († 1250), der vor allem für den Mittelteil (Str. 2–4) als eine Art ‚Subtext' mitgehört werden kann.[4] Arnulf von Löwen besingt in sieben Hymnen die Glieder des gekreuzigten Christus; fast jeder der Einzeltexte beginnt mit der Grußformel *Salve.* Ausdrücklich bezieht sich Herberger auf das Herz (Str. 2; Str. 5) und die Seite Christi (Str. 4), der Text des Hymnus *Salve caput cruentatum* an das Haupt Jesu ist im Lied ebenfalls präsent (siehe bei Str. 3).

Mit einer brüsken Bewegung wendet sich das Ich in der ersten Strophe von der als „falsch" erkannten „Welt" ab und dem Himmel zu. Über vier Strophen hinweg richtet es Bitten an Jesus; dessen treues „Herz" ist ihm Garant für die Bewahrung über den Tod hinaus. Es bittet um Beistand in der Not des Sterbelagers (Str. 2) und versenkt sich in die tröstende Anschauung des Gekreuzigten (Str. 3). Mystische und biblische Bilder der Bewahrung und Ausblicke auf die befreite himmlische Existenz (Str. 4–5) runden den Text ab.

Der auffällige *Valet*-Ruf, mit dem die ersten Strophe einsetzt, ist von dem lateinischen Imperativ *valete* (‚lebt wohl') abgeleitet.[5] Ein Abschied an die Welt ist in vielen Sterbeliedern enthalten;[6] die Formel *Valet* wählt Herberger, weil sie so beginnt wie sein Vorname. Damit bildet sie den Beginn des Akrostichons, das er als Signatur dem Text eingeschrieben hat - VALE-R-I-V-S. Dieser Bezug zum eigenen Namen in der ersten Strophe korrespondiert mit dem in der letzten (Str. 5,1f) - gleichsam gespiegelt an der Mittelachse (Str. 3), wo der Name Jesu („Nam und Kreuz") als Dreh- und Angelpunkt des Sterbetrostes firmiert.

Der Gestus der Abwendung von der Welt erhält Gewicht durch die Incipit-Stellung und greift zurück auf die biblische (1. Joh 2,15; 5,19) und nachbiblische Tradition der Absage an die Welt. Das *falsche* Spiel der trügerischen ‚Frau Welt', wie sie die mittelalterliche Ikonographie immer wieder zeigt (vorne jung und schön, hinten verdorben), wird vom Ich durchschaut: Die von ihr verheißenen Freuden und Genüsse führen in ein *sündlich böses Leben*, dem das Ich mit ‚Missfallen', letztlich mit Ekel begegnet.

Im Sterben findet die Abwendung ihren letztgültigen Ausdruck. Ihre Kehrseite ist die Hinwendung zum *Himmel*, der der *Welt* nun kontrastiv gegenübergestellt wird (Str. 1,5–8). So sehr das Ich von der Welt abgestoßen ist, von der Seite des Himmels her erfährt es eine unwiderstehliche Attraktion - durch den versprochenen Lohn für die treuen Diener Gottes.

Mit Beginn der zweiten Strophe vollzieht das Ich einen Wechsel der Sprechrichtung, der seiner inneren Bewegung genau entspricht: Es wendet sich an

[4] Text des Passions-Salve bei W I,120–124. Vgl. den Gliederungsvorschlag in HEKG III/2,349: Demnach sind die Rahmenstrophen 1 und 5 als Zutat zu den am Passions-Salve orientierten Mittelstrophen zu verstehen, die auch durch die Bezüge zum Namen des Autors personalisiert und „angeeignet" wurden.

[5] „Valet(e) geben" oder „Valet(e) sagen" (wie lat. *vale dicere*), seit dem 17. Jh. in der zu *Valet* verkürzten Form (DWB 25,9f).

[6] Z. B. „gute Nacht", „ade", „gehab dich wohl" usw., vgl. Lorbeer 2012, 188.

Jesus, *Gottes Sohn.* Eine Haltung des Bittens trägt und strukturiert den Text von hier an. Sechs Imperative zählt allein die zweite Strophe; das Ich ist in jeder Bitte präsent (*mich, mir* usw.).

Rat mir nach deinem Herzen, lautet der erste Imperativ. Mit „raten" ist hier nicht „einen Rat geben, zureden" gemeint, eher „beistehen, helfen".[7] Zugleich klingt darin der „Ratschluss" an, den Gott über das Ich verfügt. Der Ratschluss kommt Jesus aus dem *Herzen*, ist also, so die implizite Vertrauensaussage, in seiner Fürsorge für das Ich begründet.

Konkretisiert wird Jesu Hilfe, der erhoffte „Rat", in der Reihe der darauf folgenden Bitten, die sich auf das reale Sterben beziehen: auf die körperlichen Leiden (*Schmerzen*) wie auf die seelische Not (den *schwachen Mut*, also dem angefochtenen Geist, der ins Zweifeln und Verzweifeln gerät). Wird die Not gelindert, kann ein ‚seliges'[8], also der Erlösung gewisses, getrostes Ende erfolgen (Str. 2,7); das Ich erlangt dann – ohne dass hier von Auferstehung und Gericht die Rede wäre – himmlisches Leben, für das hier der Begriff *Erbgut* eingesetzt wird (vgl. 4. Mose 18,20; 1. Petr 1,4 u. a.).

Nimmt die zweite Strophe die konkreten Vorgänge beim Sterben in den Blick, fokussiert die dritte den Grund des Sterbetrostes: das Kreuzesgeschehen. Dieser zentrale Abschnitt bildet nicht nur die formale Mitte des Textes, sondern auch sein inhaltliches Rückgrat.

Bemerkenswert ist dabei die Art von Herbergers Bezugnahme auf das Kreuz. Vom Tod Jesu wird nicht ‚erzählt'; seine Heilswirkung wird auch nicht mit Hilfe gängiger Theologumena (Opfer, Lösegeld o. a.) ‚erklärt'. Herberger holt den Gekreuzigten vielmehr in die Gegenwart des Sterbenden – mit einer mystischen Note: Das Ich entdeckt in einem Akt meditativer Introspektion die beiden Elemente des Sterbetrostes in sich selbst (*In meines Herzens Grunde*), es trägt ihn in sich wie einen Seelenfunken oder Edelstein (*funkelt*), der ihm freilich von Gott ins Herz gegeben und der dort dauerhaft gegenwärtig ist (*all Zeit und Stunde*). Zum einen ist es – korrespondierend zum Namen des Ich – der Name Jesu, den schon Bernhard in seinem Hymnus *Jesu dulcis memoria* besingt[9] und der geradezu als ins Herz geschrieben vorgestellt werden kann, zum anderen das Symbol des Kreuzes. Freudig, *fröhlich* (Str. 3,4) empfindet das Ich, ungeachtet seiner *Not*, in Anbetracht dieses Trostes.

Für die Todesstunde bittet das Ich nun um eine Aktualisierung des Trostes, noch anschaulicher, noch greifbarer als zuvor: Das Bild des Gekreuzigten soll dem sterbenden Menschen als tröstender Anblick vor Augen stehen, der Gekreuzigte sich dem Sterbenden als einer zeigen, der ihm nahe ist. Luther war in seinem Sterbesermon auf das *Bild* des Gekreuzigten als Mittel zur Stärkung des Glaubens gegen die Anfechtung eingegangen.[10] Das „Erscheinen" des Ge-

[7] Vgl. DWB 14,173ff.

[8] Zum Begriff des „seligen Endes" vgl. Lorbeer aaO., 267–272.

[9] Vgl. W I,117–120.

[10] Vgl. Luther, Sermon von der Bereitung zum Sterben (WA 2, 691): „Am Creutz [...] hatt er unß sich selbs bereyt eyn dreyfeltig bild unßerm glauben furzuhalten widder die drey bild, da der

kreuzigten in der Todesstunde besingt der Hymnus *Salve caput cruentatum*, mit dem der Passionszyklus des Arnulf von Löwen abschließt (siehe oben).[11] Paul Gerhardt hat Herbergers Formulierung in seinem ebenfalls an Arnulf von Löwen orientierten Passionslied *O Haupt voll Blut und Wunden* aufgegriffen und variiert (vgl. EG 85,10,1–4).

Die Vorstellung von der unmittelbaren Gegenwart des Gekreuzigten in der Todesstunde wird in der vierten Strophe fortgeführt: Das Ich bzw. die Seele schlüpft (vorerst freilich nur in Form der Bitte) in dessen Leib geradezu hinein, nämlich in die vom Speer des römischen Soldaten (vgl. Joh 19,34) geöffnete Seitenwunde.[12] Der Leib des Gekreuzigten bietet ihm Schutz in der gefahrvollen Situation des Todes und wird ihm zum Tor in die *Herrlichkeit*, heraus aus dem *Schaden* seiner aktuellen Bedrängnis.

Die parallel gebauten Verspaare, die sich anschließen, fügen zwei Bilder für die himmlische Existenz hinzu: Ankunft im *himmlisch Schloss*; anhaltende intime Nähe zum Erlöser (*in deinem Schoß*, vgl. Lk 16,22: in Abrahams Schoß). Von der himmlischen fällt auf die irdische Existenz ein bestätigendes Licht: *Der ist wohl hier gewesen* (Str. 4,5; vgl. Str. 1,8); und sie hebt die der Welt geschuldete Hinfälligkeit (nicht nur) des Leibes, wie sie sich in der Not des Sterbenskranken und im Wüten der Fraustadter Pestepidemie zeigt, dauerhaft auf: *der ist ewig genesen*.

In der fünften und letzten Strophe schließlich erbittet das Ich von Christus die Bewahrung seines Lebens über die Grenze des Todes hinaus. Die Rede vom „Buch des Lebens" stammt aus der Offenbarung (Offb 3,5; 20,12.15; vgl. Lk 10,20 und schon Ps 139,16). Wird im Buch des Lebens der Name des Menschen bewahrt, bleibt – ungeachtet der bedrohlichen Ereignisse der Endzeit und des Gerichtes – auch sein Leben unversehrt. Nebenbei wird das Sterbelied zu einer Art verkleinertem Abbild des Lebensbuches: der Vorname des Autors ist ihm als Akrostichon eingeschrieben.[13]

Der zweite, weniger geläufige biblische Bezug ist die Rede vom „Bündel der Lebendigen" (1. Sam 25,29). Bei ihrer Begegnung mit David spricht Abigail diesen Segenswunsch aus: *So soll das Leben meines Herrn eingebunden sein im Bündlein der Lebendigen bei dem Herrn, deinem Gott.* Dieser Wunsch nach Bewahrung des Lebens durch Gott wird im Sterbelied über die Grenze des Todes hinaus auf die himmlische Existenz bezogen,[14] die Herberger näher

böße geyst und unßer natur unß mit anficht auß dem glauben zu reyßen. Er ist das lebendig und unsterblich bild widder den tod […] Er ist das bild der gnaden gottis widder die sund […] Er ist das hymelisch bild, der vorlassen von gott, alß eyn vordampter, und durch seyn aller mechtigist liebe die hell ubirwunden". Vgl. auch Piper 1975, 117f.

[11] Vgl. W I,124: *Cum me iubes emigrare,/ Iesu chare, tunc appare,/ o amator amplectende,/ temetipsum tum ostende / in cruce salutifera* („Wenn du befiehlst abzuscheiden, dann erscheine, o Liebender, Umarmungswerter, zeige mir dich selbst am heilbringenden Kreuz").

[12] Zum Motiv der Seitenwunde im Sterbelied vgl. Lorbeer, Sterbe- und Ewigkeitslieder, 373–379. Durch die Seitenwunde wird für manche Autoren auch das treue „Herz" Jesu sichtbar (vgl. ebd. 375), das für Herberger eine so zentrale Rolle spielt.

[13] Vgl. Kadelbach 1996/1997, 185.

[14] Weitere Belege bei Lorbeer 2012, 484f.

bestimmt als ‚grünende', also gedeihende, lebendige, und zugleich als ‚freie' Existenz in der Nähe des Erlösers (*vor dir*).

Ähnlich einem Bittpsalm schließt der Text mit einem Lobgelübde, das einen Ausblick auf den Inhalt des himmlischen Lobgesangs enthält: *So will ich ewig rühmen, dass dein Herz treue sei.* Die Bezugnahme auf das *Herz* des Gottessohnes greift auf den Beginn des Gebetsteils in Str. 2,1 zurück: *Rat mir nach deinem Herzen.* Jesu *Herz* ist der Ort, an dem die Bewahrung des Christen durch den Tod hindurch verfügt und beschlossen ist; und das Ich rechnet voll Vertrauen damit, dass dieser Ratschluss ‚treu' (vgl. 1. Kor 1,9) und verlässlich umgesetzt sein wird, wenn es sein himmlisches Loblied anstimmen kann.

In der Originalfassung wird das letzte Verspaar schließlich emphatisch wiederholt. Dabei ersetzt Herberger das Adjektiv *treue* durch die aus der Mystik entlehnte Vokabel *süße*: *So will ich ewig rühmen,/ dass dein Herz süße sei.*

Noch inniger wird damit der Klang des Jesuslobs: Herberger intensiviert zum Abschluss die Qualität der dem Ich entgegengebrachten Zuwendung, aber auch die Qualität der himmlischen Existenz der Seele in Gemeinschaft mit ihrem – hier gar nicht ausdrücklich so genannten – Bräutigam.

LUKAS LORBEER

Die „Valet"-Melodie ist eine der wichtigsten und verbreitetsten in der Tradition des deutschen evangelischen Kirchenliedes; sie wurde für unterschiedlichste Texte in der häufig vorkommenden achtzeiligen Strophenform mit vier jambischen Zeilenpaaren zu 7 und 6 Silben verwendet. Diese Rezeption verdankt sie ihrer musikalischen Plausibilität: Einerseits repräsentiert sie in fast idealer Weise den Typus der vorbarocken Kirchenliedmelodie, andererseits zeigt sie genügend individuellen Charakter, um sich aus der Masse der Melodien dieses Typus und dieser Strophenform herauszuheben.

Zu den Typusmerkmalen gehört die Verwendung von geprägten Formeln, insbesondere von Kadenzformeln, wie sie auch in anderen Melodien jener Zeit begegnen. Dieser Zug wurde bereits im 17. Jh. durch wenige Änderungen verstärkt, so dass die Fassung, wie wir sie aus den Chorälen Bachs kennen und wie sie auch in viele Gesangbücher gekommen ist, formelhafter und typischer wirkt als die im EG wiedergegebene Originalfassung von Melchior Teschner. Dabei geht es zum Einen um die zweite Zeile am Stollenschluss, wo an die Stelle der 6. Melodiestufe ein als melodischer Vorhalt wirkender oberer Grundton getreten ist (*b'-b'-a'-b'* statt *b'-g'-a'-b'*). Diese Formel begegnet zum Beispiel auch in der Schlusszeile von *Christus der ist mein Leben* (EG 516). Die andere Änderung betrifft die letzte Zeile, die in späteren Fassungen auf dem Quintton statt auf dem Terzton beginnt; der daraus resultierende Quintdurchgang verstärkt ebenfalls die stärkere Typisierung.

Dennoch ist auch bereits die Originalgestalt stark durch tonale Strukturen definiert. Der Melodieanfang bewegt sich in der Oktave und auf den Dreiklangstönen der Tonika, auf die der Stollenschluss deutlich kadenziert. Der Abgesang zielt zunächst durch zwei Zeilen auf die Dominante hin. Die beiden

Schlusszeilen nehmen Motive der beiden vorhergehenden Zeilen auf und führen zur Tonika zurück. Für die Entstehungszeit der Melodie ist dieser ausgesprochene Tonalitätsbezug ein Modernitätsaspekt, der auf das harmonische Empfinden von Barock und Klassik hinführt und zum Erfolg der Melodie zweifellos beigetragen hat.

Auffallend und charakteristisch für die Melodie ist der steile Beginn mit dem Aufschwung durch die gesamte Oktave in der ersten Zeile, überboten gleich noch durch den Beginn der zweiten Zeile auf der Dezime. Das ist für den Gemeindegesang nicht ganz unproblematisch, wird doch dadurch eine Höhenlage erreicht, die ungeübten Sängerinnen und Sängern einige Mühe bereiten kann. Durch die Tiefertransposition von original C nach B wird dieses Problem zwar entschärft, doch liegt dafür der Beginn so tief, dass er nur schwer zum Klingen kommt.

Die Verlängerung dieses ersten Tones gegenüber Fassungen des 18. und 19. Jh., die lauter gleiche Notenwerte verwendeten, hat damit zu tun, dass der Grundpuls sich nicht auf die einzelnen Töne beziehungsweise Silben bezieht, sondern auf die Akzentsilben, so dass in der Regel auf jeden Grundpuls zwei Noten kommen. Damit nun der erste Akzent – also die zweite Silbe – auf einen Grundpuls fällt, wird die erste Note gedehnt und ebenfalls auf einen Pulsschlag gelegt. Die ersten beiden Noten definieren so den Puls, der danach in Silbenpaaren weiterläuft. Diese Auftaktlängung ist für Melodien des 16. und 17. Jh. typisch und ersetzt weitgehend den verkürzten Auftakt von Melodien aus dem spätmittelalterlichen Stilkreis der Meistersinger – man vergleiche etwa die ursprüngliche Melodie von *Nun freut euch, lieben Christen gmein* (EG 341) – und verschwindet dann mit der generellen Verlangsamung des Singtempos, bei dem pro Grundpuls nur noch eine Note bzw. Silbe gesungen wird.

Der Gesamtverlauf der Melodie zeigt nach dem schwungvollen Beginn eine ständige Beruhigung. Dazu gehört schon einmal die entspannende Rückwendung von der Dominante zur Tonika in der zweiten Hälfte des Abgesangs. Deutlich zeigt sich dies ferner im Ambitus der einzelnen Zeilen, der von der Oktave in der ersten bis zur Quarte (in der späteren Fassung Quinte) in der letzten Zeile zurückgeht. Zudem macht hier der „Abgesang" seinem Namen alle Ehre: Die Spitzentöne der vier Zeilen gehen um jeweils eine Terz nach unten: von *d''* über *b'* und *g'* nach *es'*.

Der Affekt der gesamten Melodie kann entweder vom Anfang oder vom Beruhigungsverlauf her gehört werden. Das kann erklären, weshalb sie im Lauf der Zeit so unterschiedliche Textzuweisungen erfahren hat. Die ursprüngliche Verbindung von Text und Musik geht eher vom beruhigenden Charakter des Melodieverlaufs aus. Das trifft ebenfalls auf das Passionslied *Der du in Todesnächten* (EG 257) zu, während vom schwungvollen Anfang her völlig anders geartete Texte sich mit der Melodie verbinden. Dazu gehören das Magnificat-Lied *Den Herren will ich loben* (GL1 261, GL2 395), das Tauf- oder Tauferinnerungslied *Du öffnest, Herr, die Türen* (RG 188, KG 37, EM 521) oder die in der Schweiz übliche Verbindung mit dem Adventslied *Wie soll ich dich empfangen* (RG 367). Die Kombination beider Stimmungslagen zeigen das Gottesdienst-Schlusslied *Lass mich dein sein und bleiben* (EG 157, EM 490) und das teilweise auf diese Melodie gesungene Vertrauenslied *Ist Gott für mich, so trete* (RG 656).

ANDREAS MARTI

Verzeichnis der bereits erschienenen Liedkommentare

EG	Heft	Seite	EG	Heft	Seite	EG	Heft	Seite	EG	Heft	Seite	EG	Heft	Seite
1	[1]	52	53	[12]	35	105	[4]	58	157	[14]	17	185.2	[6/7]	82
2	[5]	3	54	[12]	39	106	[3]	61	158	[20]	9	185.3	[6/7]	83
3	[5]	5	55	[5]	44	107	[3]	66	159	[20]	13	185.4	[6/7]	84
4	[12]	3	56	[1]	72	108	[10]	65	160	[19]	15	185.5	[6/7]	86
5	[13]	3	57	[1]	77	109	[4]	63	161	[14]	21	186	[6/7]	90
6	[4]	3	58	[2]	40	110	[2]	71	162	[17]	3	187	[6/7]	92
7	[2]	3	59	[11]	22	111	[2]	75	163	[15]	3	188	[6/7]	94
8	[5]	10	60	[12]	43	112	[2]	79	164	[17]	7	189	[6/7]	97
9	[13]	10	61	[4]	31	113	[13]	41	166	[14]	25	190.1	[6/7]	100
10	[12]	12	62	[2]	44	114	[11]	59	167	[23]	3	190.2	[6/7]	102
11	[2]	7	63	[10]	28	115	[2]	85	168	[17]	9	190.3	[6/7]	103
12	[3]	3	64	[1]	81	116	[3]	68	169	[16]	3	190.4	[6/7]	105
13	[5]	17	65	[4]	36	117	[1]	92	170	[18]	9	191	[6/7]	107
14	[5]	22	66	[3]	25	118	[1]	95	171	[22]	3	192	[6/7]	116
15	[10]	3	67	[2]	48	119	[3]	73	172	[14]	31	193	[21]	3
16	[2]	11	68	[10]	30	120	[3]	78	173	[17]	15	195	[17]	17
17	[1]	58	69	[3]	31	121	[3]	81	175	[18]	14	196	[18]	18
18	[5]	28	70	[4]	42	122	[3]	84	176	[15]	7	200	[21]	9
19	[11]	3	71	[12]	47	123	[3]	90	177.1	[6/7]	9	201	[6/7]	121
20	[1]	62	72	[12]	52	124	[10]	69	177.2	[6/7]	9	202	[18]	22
21	[11]	8	73	[11]	26	125	[12]	63	177.3	[6/7]	9	207	[18]	30
22	[10]	9	74	[3]	36	126	[12]	70	178.1	[6/7]	13	208	[8]	16
23	[10]	11	75	[10]	35	127	[11]	63	178.2	[6/7]	14	210	[6/7]	123
24	[12]	16	76	[3]	40	128	[11]	68	178.3	[6/7]	15	211	[22]	7
25	[12]	25	77	[5]	49	129	[5]	87	178.4	[6/7]	16	213	[14]	33
26	[12]	32	78	[11]	33	130	[11]	72	178.5	[6/7]	20	215	[21]	15
27	[13]	16	79	[3]	45	131	[11]	77	178.6	[6/7]	20	216	[18]	35
28	[11]	10	80	[13]	36	132	[11]	81	178.7	[6/7]	20	218	[23]	8
29	[11]	12	81	[11]	37	133	[5]	91	178.8	[6/7]	20	219	[22]	11
30	[2]	17	82	[5]	54	134	[11]	83	178.9	[6/7]	22	220	[14]	38
31	[2]	26	83	[5]	60	135	[2]	89	178.10	[6/7]	23	221	[17]	23
32	[1]	65	84	[4]	53	136	[4]	68	178.11	[6/7]	24	222	[16]	8
33	[4]	9	85	[10]	40	137	[4]	71	178.12	[6/7]	25	223	[23]	14
34	[13]	23	86	[11]	44	138	[10]	76	178.13	[6/7]	26	224	[22]	17
35	[5]	31	87	[5]	71	139	[10]	80	178.14	[6/7]	28	226	[6/7]	126
36	[10]	23	88	[11]	48	140	[10]	84	179	[6/7]	32	228	[17]	27
37	[2]	28	89	[10]	53	141	[4]	74	180.1	[6/7]	37	230	[18]	37
38	[3]	7	90	[3]	49	142	[12]	77	180.2	[6/7]	40	231	[20]	18
39	[4]	14	91	[1]	85	143	[12]	80	180.3	[6/7]	42	233	[22]	21
40	[4]	17	92	[5]	75	144	[11]	88	180.4	[6/7]	45	235	[17]	30
41	[4]	21	93	[3]	52	145	[4]	78	181.1	[6/7]	48	236	[14]	44
42	[3]	12	94	[11]	53	146	[2]	94	181.2	[6/7]	48	237	[15]	9
43	[3]	17	95	[2]	55	147	[4]	83	181.3	[6/7]	48	238	[20]	23
44	[4]	26	96	[1]	89	148	[12]	85	181.4	[6/7]	50	239	[8]	20
45	[11]	17	97	[2]	59	149	[11]	92	181.5	[6/7]	51	240	[6/7]	131
46	[13]	28	98	[2]	62	150	[13]	45	181.6	[6/7]	55	241	[19]	18
47	[1]	69	99	[10]	55	151	[10]	91	181.7	[6/7]	56	242	[15]	14
48	[2]	34	100	[10]	61	152	[12]	93	181.8	[6/7]	58	244	[19]	25
49	[5]	36	101	[12]	56	153	[4]	89	182	[6/7]	59	246	[22]	27
50	[3]	21	102	[3]	56	154	[13]	55	183	[6/7]	63	248	[21]	23
51	[2]	37	103	[5]	81	155	[20]	3	184	[6/7]	72	249	[19]	34
52	[5]	39	104	[2]	66	156	[18]	3	185.1	[6/7]	79	252	[23]	19